CLÁUDIO LUÍS VIEIRA OLIVEIRA
HUMBERTO AUGUSTO PIOVESANA ZANETTI

PROJETOS COM
PYTHON E
ARDUINO

COMO DESENVOLVER PROJETOS PRÁTICOS DE ELETRÔNICA, AUTOMAÇÃO E IOT

Av. Paulista, 901, 4º andar
Bela Vista – São Paulo – SP – CEP: 01311-100

SAC | Dúvidas referentes a conteúdo editorial, material de apoio e reclamações:
sac.sets@saraivaeducacao.com.br

Direção executiva	Flávia Alves Bravin
Aquisições	Rosana Ap. Alves dos Santos
Edição	Neto Bach
Produção editorial	Daniela Nogueira Secondo
Preparação	Metodológica Gestão da Informação
Revisão	Vitória Oliveira Lima
Projeto gráfico e diagramação	Caio Cardoso
Capa	Tiago Dela Rosa
Impressão e acabamento	Gráfica Elyon

DADOS INTERNACIONAIS DE CATALOGAÇÃO NA PUBLICAÇÃO (CIP)
ANGÉLICA ILACQUA CRB-8/7057

Oliveira, Cláudio Luís Vieira
    Projetos com Python e Arduino: como desenvolver projetos práticos de eletrônica, automação e IOT / Cláudio Luís Vieira Oliveira, Humberto Augusto Piovesana Zanetti. – São Paulo: Érica, 2020.
    120 p.

Bibliografia
ISBN 978-85-365-3356-8

1. Automação 2. Linguagem de programação 3. Eletrônica 4. Arduino (Controlador programável) 5. Python (Linguagem de programação de computador) I. Título II. Zanetti, Humberto Augusto Piovesana

	CDD 629.895
20-1879	CDU 681.5

Índice para catálogo sistemático:
1. Automação : Eletrônica

Copyright © Cláudio Luís Vieira Oliveira e Humberto Augusto Piovesana Zanetti
2020 Saraiva Educação
Todos os direitos reservados.

1ª **edição**
5ª tiragem, 2023

Nenhuma parte desta publicação poderá ser reproduzida por qualquer meio ou forma sem a prévia autorização da Saraiva Educação. A violação dos direitos autorais é crime estabelecido na Lei n. 9.610/98 e punido pelo art. 184 do Código Penal.

CO	703453	CL	642538	CAE	728177

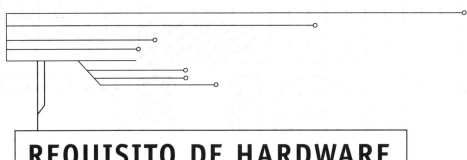

REQUISITO DE HARDWARE E SOFTWARE

- Computador com, no mínimo, 2 MB de memória RAM e 2 GB de espaço disponível em disco rígido.
- Windows 8 (ou mais recente), Linux ou MacOS.
- Python 3.x (ou mais recente), disponível em <https://www.python.org>.
- Ambiente de desenvolvimento do Arduino versão 1.5 (ou mais recente), disponível em <https://www.arduino.cc>.
- Placa Arduino (qualquer versão) com cabo USB.
- 10 resistores de 220 ohms (vermelho, vermelho, marrom) ou de 330 ohms (laranja, laranja, marrom).
- 2 resistores de 10k ohms (marrom, preto, laranja).
- 3 LED vermelhos.
- 3 LED verdes.
- 3 LED amarelos.
- 1 chave táctil (*push button*).
- 1 LED RGB (cátodo ou ânodo comum).
- 1 Light Dependent Resistor (LDR).
- 1 potenciômetro de 10k ohms.
- 1 termistor Negative Temperature Coefficient (NTC) de 10k ohms.
- 1 display de LED de 7 segmentos cátodo ou ânodo comum (1 dígito).
- 1 display de cristal líquido de 16 colunas e 2 linhas.
- 1 protoboard.
- 30 cabos de ligação macho-macho.

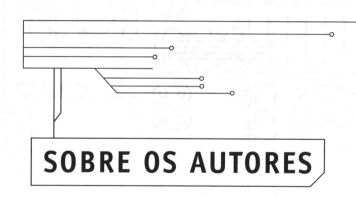

SOBRE OS AUTORES

Cláudio Luís Vieira Oliveira é mestre em Sistemas de Computação pela Pontifícia Universidade Católica de Campinas (PUC-Campinas) e bacharel em Análise de Sistemas pela Universidade Metodista de Piracicaba (Unimep). Atua desde 1991 na área de Ciência da Computação. Atualmente, é professor das Faculdades de Tecnologia (Fatec) de Jundiaí, Bragança Paulista e Campinas.

Humberto Augusto Piovesana Zanetti é doutorando em Tecnologia pela Faculdade de Tecnologia da Universidade Estadual de Campinas (FT-Unicamp) e mestre em Ciência da Computação pelo Centro Universitário de Campo Limpo Paulista (Unifaccamp). Atua desde 2005 nos Ensinos Técnico e Superior. Atualmente, é professor na Escola Técnica Rosa Perrone Scavone (Etec) de Itatiba e na Faculdade de Tecnologia (Fatec) de Jundiaí. Além de integrante do Laboratório de Informática, Aprendizagem e Gestão (Liag), na Universidade Estadual de Camipnas (Unicamp).

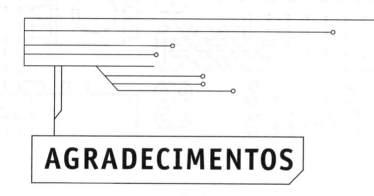

AGRADECIMENTOS

À minha esposa Claudia, por tantos anos de companheirismo, comunhão e amor.
À minha filha Franciele, com muito amor.
Aos meus pais Maria Creyde e Manoel, pela dedicação e pelo amor à família.
Ao grande amigo Humberto, pelos inúmeros projetos compartilhados.

Cláudio Luís Vieira Oliveira

À minha esposa Flavia, por seu incentivo e sua dedicação.

Ao meus pais Alberto e Célia, e meus irmãos Luis Gustavo e Pedro, por sempre acreditarem em mim.

Ao meu grande amigo Cláudio, pela parceria nos projetos nesses anos.

À minha princesa Betina, por tornar meus dias cada vez mais felizes.

Humberto Augusto Piovesana Zanetti

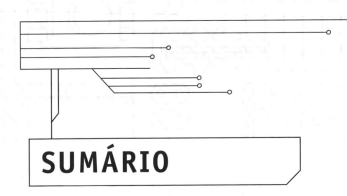

SUMÁRIO

CAPÍTULO 1
INTRODUÇÃO AO PYTHON 13
1.1 Primeiros passos em Python 14
1.2 Variáveis e operadores 15
1.3 Uso de funções e métodos 16
1.4 Seleção e repetição 17
1.5 Listas e dicionários 18
Prática 19

CAPÍTULO 2
INTEGRAÇÃO ENTRE PYTHON E ARDUINO 21

CAPÍTULO 3
ENTRADAS E SAÍDAS DIGITAIS 23
3.1 Pisca-pisca 24
3.2 Controle de um LED 26
3.3 Tratamento de exceções 27
3.4 Sinal de trânsito 29
3.5 Chave tátil 33
Prática 37

CAPÍTULO 4
ENTRADAS E SAÍDAS ANALÓGICAS 39
4.1 Mistura de cores 40
4.2 Iluminação automática 42
4.3 Potenciômetro 44
4.4 Sensor de temperatura 47
4.5 Termômetro digital 49
Prática 51

CAPÍTULO 5

UM POUCO MAIS SOBRE LISTAS E DICIONÁRIOS **53**

5.1 Contador binário...53
5.2 Contador binário manual... 55
5.3 Sinal de trânsito para veículos e pedestres.. 57
Prática...59

CAPÍTULO 6

DISPLAYS..**61**

6.1 Dado eletrônico 61
6.2 Contador decimal... 65
6.3 Contador hexadecimal e binário.. 68
6.4 Display de cristal líquido..74
6.5 Relógio digital 78
6.6 Relógio e termômetro digital... 80
Prática...82

CAPÍTULO 7

INTERFACE GRÁFICA COM PYTHON......................................**83**

7.1 Conceitos fundamentais da biblioteca Tkinter 83
7.2 Controle do LED através da interface gráfica... 88
7.3 Controle de luminosidade de um LED..91
7.4 Uso de imagens em interface gráfica.. 93
7.5 Sensor de temperatura..96
Prática...101

CAPÍTULO 8

INTERNET DAS COISAS **103**

8.1 Instalação do Flask...103
8.2 Formulários 105
8.3 Controle do LED através da internet 106
8.4 Temperatura web..110
8.5 ThingSpeak: plataforma para aplicações IoT 113
8.6 Monitor de temperatura...114
Prática...117

REFERÊNCIAS BIBLIOGRÁFICAS....................................**119**

APRESENTAÇÃO

A ideia de unir a plataforma Arduino com a linguagem Python é tentadora para entusiastas em tecnologia. O Arduino é a plataforma de hardware livre mais utilizada no mundo e o Python vem tomando cada vez mais o mercado e sendo a principal linguagem de programação para muitas pessoas, desde o nível principiante até os desenvolvedores mais experientes. Além disso, temos o fato de estas tecnologias terem muito em comum.

O Arduino foi criado para que leigos e pessoas que nunca tiveram contato com eletrônica, pudessem se arriscar no desenvolvimento de sistemas automatizados e interativos com hardware. A ideia principal desde sua criação, em 2005, era alcançar todas as pessoas, independente de seu conhecimento técnico.

A linguagem Python, sendo sua primeira versão para o público divulgada em 1991 (versão 0.9.0), tinha a ambição de ser uma linguagem que fosse mais legível e compreensível a todos, facilitando seu aprendizado e adoção. Além de ser gratuita, em uma época que era comum o licenciamento para uso de linguagens de programação.

É muito natural enxergar conceitos em comum no cerne de cada uma dessas tecnologias: ser livre, gratuita, acessível e inclusiva. Outro fator notável é o tamanho da comunidade que cada uma delas tem, e como elas ainda estão em constante crescimento. Inclusive, não é raro ver escolas de Ensino Fundamental ao Superior adotando Arduino e Python em diversas disciplinas, projetos e atividades pedagógicas. Assim, a ideia de criar este livro veio justamente da motivação de promover essa sinergia tão óbvia entre Arduino e Python.

Este livro traz projetos práticos que podem ser aplicados em diversas áreas de automação, eletrônica e Internet das Coisas, também conhecida por seu termo em inglês Internet of Things (IoT), com o objetivo de ensinar alguns conceitos básicos, mas que também possam estimular a aplicação em empreitadas mais avançadas. Dividido em oito capítulos, pode ser adotado tanto por um iniciante em programação e eletrônica, quanto por alguém avançado em alguns destes temas.

No Capítulo 1, é realizada uma introdução dos conceitos fundamentais em Python e dos requisitos de hardware e software para a obra. Já, no Capítulo 2, é mostrado como podemos fazer a integração da plataforma Arduino e a linguagem Python.

A partir do Capítulo 3, são apresentados os projetos práticos do livro, começando a partir dos conceitos de entradas e saídas digitais. Em sequência, no Capítulo 4 são abordados os conceitos de entradas e saídas analógicas. Tais conceitos são utilizados em componentes eletrônicos básicos, abrangendo vários sensores e atuadores.

O Capítulo 5 apresenta conceitos de programação muito úteis e que são compreendidos pela linguagem Python de forma eficiente, como listas e dicionários. Ambos são maneiras de organização e manipulação de conjuntos de dados que facilitam o desenvolvimento de alguns projetos de automação.

O Capítulo 6 tem o foco em um grupo específico de componentes, que são os displays. Adotados de forma abrangente como principal meio de visualização de informação em sistemas eletrônicos, são muito interessantes como recurso visual em diversos projetos.

Pensando na interação dos usuários com os sistemas, o Capítulo 7 aborda projetos que utilizam-se de interface gráfica ou Graphical User Interface (GUI) com Python, usando a biblioteca Tkinter. Essas interfaces gráficas proporcionam uma maneira mais intuitiva de interagir com sistemas automatizados e também trazem um recurso visual interessante para informar as ações e dados que estão ocorrendo em tempo real, podendo ser adaptados para qualquer projeto.

Por fim, o Capítulo 8 é dedicado a projetos que exploram o ambiente de Internet das Coisas. Utilizando framework Flask para web e a plataforma aberta e gratuita ThingSpeak, este capítulo demonstra como é fácil fazer com que seu projeto possa ser acessado via internet, expandindo seu alcance e possibilidades.

Esperamos que este livro desperte (ou amplie) a sua paixão por Arduino e Python, e que o casamento das duas tecnologias lhe traga bons frutos. Boa diversão!

Os Autores

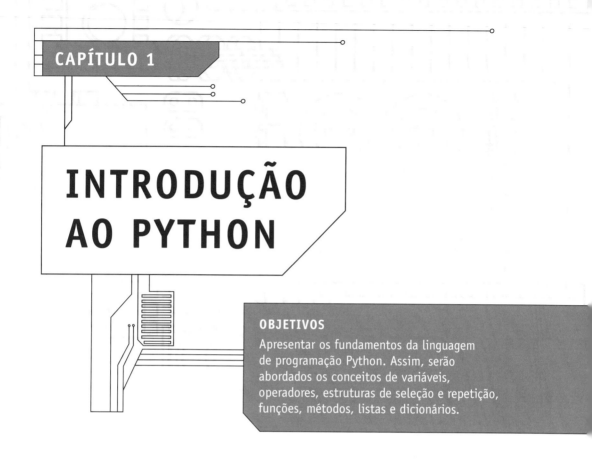

CAPÍTULO 1

INTRODUÇÃO AO PYTHON

OBJETIVOS

Apresentar os fundamentos da linguagem de programação Python. Assim, serão abordados os conceitos de variáveis, operadores, estruturas de seleção e repetição, funções, métodos, listas e dicionários.

A linguagem de programação Python é bastante poderosa e seu principal atrativo é possuir uma estrutura sintática bastante simples, além de suportar a orientação a objetos e possuir uma infinidade de módulos desenvolvidos que facilitam o desenvolvimento dos programas.

Já o Arduino é uma plataforma de hardware open source, projetada sobre o microcontrolador Atmel AVR, que possibilita a elaboração de projetos com um conhecimento mínimo, ou mesmo nenhum, de eletrônica. Foi criado, principalmente, com o objetivo de fornecer uma plataforma de fácil prototipação de projetos interativos, trabalhando-se conjuntamente com software e hardware.

Assim, unir Arduino e Python é uma maneira bastante motivadora de aprender a programar, explorando a facilidade do Python e desenvolvendo também conceitos de eletrônica e Internet das Coisas.

Este livro apresenta uma abordagem prática, onde os conceitos são desenvolvidos por meio da construção de pequenos projetos que vão crescendo gradativamente em complexidade.

1.1 PRIMEIROS PASSOS EM PYTHON

A linguagem de programação Python é distribuída gratuitamente para diversas plataformas, como Windows, Linux e MacOS, entre outras.

ATENÇÃO!

Acesse: <https://www.python.org> para realizar o download gratuito do Python, disponível para seu sistema operacional.

Após realizar a instalação, abra o IDLE (Figura 1.1), que é ambiente de desenvolvimento integrado (IDE) padrão para o Python. Como Python é interpretado, o ambiente é interativo, então é possível emitir diretamente os comandos. Por exemplo, note na mesma figura que definimos uma variável 'x' que recebeu o valor 10 e depois imprimimos o valor desta variável através da função **print**.

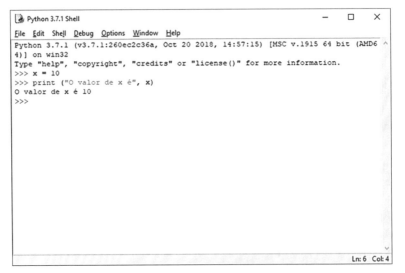

Figura 1.1 | Python IDLE.

Para criar os programas, escolha no menu *File* a opção *New File*. A janela do editor será aberta, e você poderá escrever e gravar os seus programas. Digite no editor:

```
print ("Olá Python")
```

Grave o arquivo como "ola.py". Em seguida, para executar o programa, no menu *Run*, escolha a opção *Run Modulo* ou simplesmente pressione F5. O programa será executado pelo interpretador, conforme mostra a Figura 1.2.

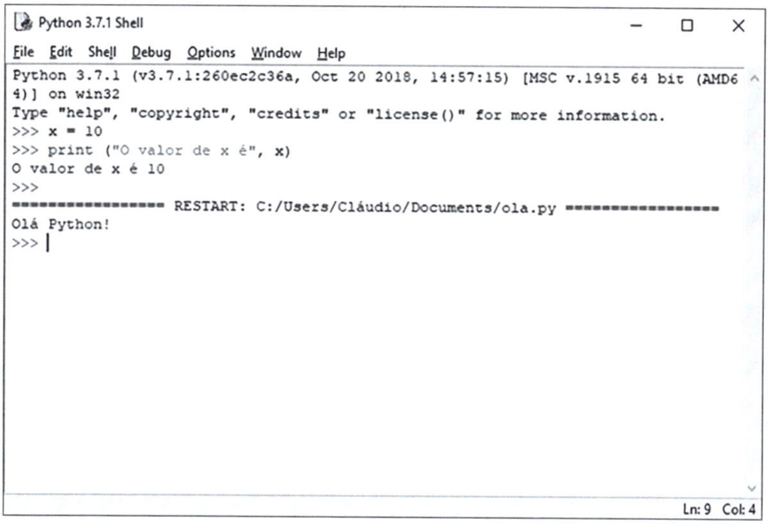

```
Python 3.7.1 Shell                                      —   □   X

File  Edit  Shell  Debug  Options  Window  Help
Python 3.7.1 (v3.7.1:260ec2c36a, Oct 20 2018, 14:57:15) [MSC v.1915 64 bit (AMD6
4)] on win32
Type "help", "copyright", "credits" or "license()" for more information.
>>> x = 10
>>> print ("O valor de x é", x)
O valor de x é 10
>>>
================ RESTART: C:/Users/Cláudio/Documents/ola.py ================
Olá Python!
>>> |

                                                                  Ln: 9  Col: 4
```

Figura 1.2 | Execução do programa.

1.2 VARIÁVEIS E OPERADORES

Na linguagem Python, uma variável, atributo ou até mesmo o valor de retorno de um método, não precisa ser previamente declarado. Conforme o valor que lhe é atribuído, sua variável automaticamente assumirá o tipo de dado necessário para armazenar o valor desejado.

Tabela 1.1 | Principais tipos de dados adotados em Python

Tipo de dado	Descrição	Exemplo
str	Cadeia de caracteres (string)	"Maria" ou 'Maria'
list	Lista	[4.0, 6.0, 7.0]
int	Número inteiro	4256
float	Ponto flutuante	3.1415927
bool	Booleano	True ou False

Dessa forma, para armazenar determinado valor inteiro em uma variável, devemos simplesmente escrever:

```
x = 10
```

É igualmente possível realizar múltiplas atribuições a partir de uma mesma instrução, por exemplo:

```
x, y = 10, 20
```

CAPÍTULO 1 | Introdução ao Python **15**

Neste caso, a variável 'x' receberá o valor 10 enquanto 'y' o 20. De outro modo, caso seja necessário atribuir para diversas variáveis um mesmo valor, podemos escrever:

```
x = y = 10
```

A seguir, temos a simbologia para os principais operadores de atribuição, aritméticos, relacionais e lógicos adotados em Python.

Tabela 1.2 | Principais operadores

Tipo	Operação	Representação simbólica
Atribuição	Atribuição	=
Aritmético	Adição	+
	Subtração	-
	Multiplicação	*
	Divisão	/
	Resto	%
	Exponenciação	**
	Incremento	++
	Decremento	--
Relacional	Igual a	==
	Diferente de	!=
	Maior	>
	Maior ou igual	>=
	Menor	<
	Menor ou igual	<=
Lógico	E (And)	and
	Ou (Or)	or
	Não (Not)	not

1.3 USO DE FUNÇÕES E MÉTODOS

Grande parte das operações em Python são realizadas através do uso de funções ou métodos dos objetos. Por exemplo, a entrada dos dados pode ocorrer através da função **input**, que possui uma cadeia de caracteres (string) digitada pelo usuário. Assim, quando necessário, devemos usar as funções **int** ou **float** para realizar a conversão para o tipo de dado desejado. No código-fonte a seguir, temos um exemplo de entrada e exibição de dados:

```python
num1 = int(input("Digite um valor: "))
num2 = int(input("Digite outro valor: "))
soma = num1 + num2
print ("A soma de ", num1,  " com ", num2, " é ", soma)
```

16 **Projetos com Python e Arduino**

A exibição dos dados no console é realizada através da instrução **print**, sendo que os diversos valores a serem exibidos poderão ser separados por vírgulas (,).

1.4 SELEÇÃO E REPETIÇÃO

Na linguagem Python, a estrutura **if** é utilizada para realizar a execução condicional de um determinado bloco de código, na qual a instrução **else** é opcional. Ilustrando o uso dessa estrutura, considere uma situação na qual devemos identificar se uma pessoa é maior de idade, conforme a seguir:

```
import time

nome = input("Digite o seu nome: ")
anoNasc = int(input("Digite o ano de nascimento: "))
anoAtual = int(time.strftime("%Y"))
idade = anoAtual - anoNasc
maioridade = ""
if idade < 18:
  maioridade = "menor"
else:
  maioridade = "maior"
print (nome, "a sua idade é", idade, "anos e você é", maioridade, "de
idade")
```

Observe que a identação, ou seja, o deslocamento das instruções é obrigatória para definir um bloco de comandos. Por exemplo, tudo que deve ser executado quando a condição **if** for verdadeira deverá estar indentado em relação ao **if**. O mesmo ocorre com **else** e todas as outras estruturas presentes na plataforma.

Python permite a realização da verificação de várias condições a partir da instrução **elif**, que pode ser intercalada dentro de um bloco **if**. Para ilustrar esse conceito, imagine uma situação em que é necessário escrever o valor por extenso dos números inteiros 1, 2 ou 3, conforme a seguir:

```
numero = int(input("Digite um número: "))
if numero == 1:
  print ("Um")
elif numero == 2:
  print ("Dois")
elif numero == 3:
  print ("Três")
else:
  print ("Não sei")
```

Já a estrutura **while** permite realizar a repetição de um bloco de comandos até que a expressão lógica fornecida como condição seja avaliada como falsa. Com o objetivo de ilustrar seu uso, elaboraremos um programa que permite a exibição dos números inteiros pares entre 2 e 10:

```
x = 2
while x <= 10:
   print (x)
   x = x + 2
```

Observe, no exemplo, o uso da indentação para delimitar o bloco de comandos que será repetido pelo **while**.

1.5 LISTAS E DICIONÁRIOS

As listas podem ser entendidas como conjuntos de itens e são especificadas por meio do uso de colchetes ([]). A seguir, temos um exemplo de como criar uma lista vazia:

```
VALORES = []
```

É igualmente possível a criar um lista a partir de um conjunto de valores pré-definidos, por exemplo:

```
VALORES = [56, 45, 23, 14, 61]
```

Neste caso, declaramos uma lista que contém cinco números inteiros e o seu primeiro elemento possui o índice 0. Dessa forma, para acessar um elemento dentro de uma lista devemos referenciar entre colchetes o índice da posição desejada, por exemplo:

```
VALORES = [56, 45, 23, 14, 61]
print (VALORES[2])
```

Então, será exibido o elemento que se encontra no índice 2 da lista *Valores* definida no exemplo, ou seja, o valor 23.

Ilustrando o conceito de lista, criaremos a seguir um programa que, a partir de 5 números reais digitados pelo usuário, calcule e exiba o valor de sua média.

```
numero = [0, 0, 0, 0, 0]
i = 0
soma = 0.0
while i < 5:
   numero[i] = float(input("Número? "))
   soma = soma + numero[i]
   i = i + 1
media = soma / 5
print ("O valor da media é %3.1f" % media)
```

É possível acrescentar elementos dinamicamente na lista através do método **append**. Assim, podemos criar uma lista vazia e realizar os acréscimos desejados durante a execução do programa. Por exemplo, a partir de 5 números reais digitados pelo usuário para que calcule e exiba o valor da média, a estrutura do código poderia ser reescrita do seguinte modo:

18 Projetos com Python e Arduino

```
numero = []
i = 0
soma = 0.0
while i < 5:
  numero.append(float(input("Número? ")))
  soma = soma + numero[i]
  i = i + 1
media = soma / 5
print ("O valor da media é %3.1f" % media)
```

Outra maneira de trabalhar com conjuntos de dados em Python é por meio de dicionários, que são similares à lista, porém, permitem que trabalhemos com pares do tipo chave e valor. Portanto, podemos dizer que um dicionário é delimitado por chaves, nos quais os dois pontos relacionam a chave ao dado, conforme observamos a seguir:

```
numero = {'zero': 0, 'um': 1, 'dois': 2, 'tres': 3, 'quatro': 4}
```

Note que um valor é obtido através da referência à chave:

```
print(numero['dois'])
```

Utilize **for** quando precisar percorrer os itens da coleção, pois o comando obterá o valor de cada chave armazenada e, com isso, chegaremos ao valor associado.

```
numero = {'zero': 0, 'um': 1, 'dois': 2, 'tres': 3, 'quatro': 4}
for chave in numero:
  print(chave, numero[chave])
```

PRÁTICA

1. A Lei de Ohm define que a resistência (R) de um condutor é obtida por meio da divisão da tensão aplicada (V) dividida pela intensidade de corrente elétrica (A). Dessa forma, a partir de uma tensão e corrente, digitadas pelo usuário, calcule e mostre o valor da resistência.
2. Considerando três nomes digitados pelo usuário, exiba-os em ordem alfabética.
3. Considerando dez números reais digitados pelo usuário, exiba o valor da diferença entre o maior e o menor deles.
4. Faça uma rotina que permita calcular o valor da associação em série de três resistores, R1, R2 e R3 a serem digitados pelo usuário. O programa solicitará os valores de R1, R2 e R3 enquanto exibe o resultado até que o usuário digite um valor para R1, R2 ou R3 igual a zero. O valor da associação em série de três resistores será obtido pela fórmula R = R1 + R2 + R3.
5. Considerando uma lista com dez números inteiros digitados pelo usuário, exiba-a na ordem inversa à da leitura.

CAPÍTULO 2

INTEGRAÇÃO ENTRE PYTHON E ARDUINO

OBJETIVOS

Demonstrar o processo de gravação do protocolo Firmata na placa Arduino e a instalação da biblioteca pyFirmata, o que possibilitará que os programas em Python se comuniquem com o Arduino. Essa etapa é essencial para que seja possível realizar a execução dos programas apresentados nos capítulos seguintes.

Para programarmos o Arduino através do Python, são necessários alguns passos simples para estabelecer a comunicação entre o Arduino e o módulo para Python denominado pyFirmata.

ATENÇÃO!

O ambiente de desenvolvimento do Arduino é gratuito e pode ser baixado neste site: <http://www.arduino.cc>. Depois, basta executar o arquivo para realizar a instalação.

Primeiramente, precisamos transferir para a placa Arduino um programa específico chamado de Firmata, que basicamente consiste em um protocolo de comunicação entre microcontroladores e um programa instalado em um computador.

Mas, para que essa ponte entre a programação em Python e a placa Arduino seja firmada, temos de abrir o ambiente de desenvolvimento do Arduino, clicando na pasta Arquivo, depois no item Exemplos da lista, em seguida no subitem Firmata e, por fim, em StandardFirmata, conforme mostra a Figura 2.1:

Figura 2.1 | Acessando o programa Firmata.

Após realizar esse comando, será exibido o código-fonte no ambiente de desenvolvimento do Arduino relativo ao programa Firmata. Mas atenção: nesse momento, você deve tomar cuidado para não alterar nenhuma linha do código-fonte indevidamente. Em seguida, transfira o programa para a placa, pressionando o botão *Carregar*, conforme mostra a Figura 2.2:

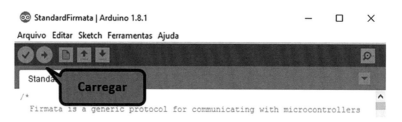

Figura 2.2 | Transferindo o programa Firmata para o Arduino.

Uma vez carregado o programa Firmata, siga com a instalação do módulo pyFirmata por meio do utilitário Python denominado **pip**, executado através do prompt de comando do sistema operacional Windows ou Linux.

```
pip install pyfirmata
```

No Capítulo 3, desenvolveremos o primeiro projeto desta obra, denominado "Pisca-Pisca", que apresentará os conceitos básicos do pyFirmata, além de testar se a comunicação entre o Python e o Arduino está funcionando corretamente.

CAPÍTULO 3

ENTRADAS E SAÍDAS DIGITAIS

OBJETIVOS

Demonstrar a utilização dos pinos digitais de entrada e saída do Arduino e como eles são acessados através de programas escritos em Python.

Os pinos digitais do Arduino, mostrados em detalhes na Figura 3.1, podem atuar como entrada ou saída e são usados para obter dados dispositivos de sensores digitais, como um botão, além de ativar ou desligar atuadores, como diodos emissores de luz que são os LED (advindos do termo em inglês *Light Emitting Diode*) ou servo-motores, entre outros.

Figura 3.1 | Pinos digitais do Arduino Uno.

3.1 PISCA-PISCA

Neste primeiro projeto vamos utilizar, através do pyFirmata, um pino digital do Arduino para controlar o funcionamento de um LED. O nível 1 (considerado high, ou alto) colocado no pino acenderá o LED, enquanto o nível 0 (considerado low, ou baixo) o apagará. Ou seja, neste exemplo teremos o pino digital atuando como saída.

MATERIAL NECESSÁRIO

- 1 Arduino.
- 1 resistor de 220 ohms (vermelho, vermelho, marrom) ou de 330 ohms (laranja, laranja, marrom).
- 1 LED (qualquer cor).
- 1 protoboard.
- Cabos de ligação.

Após obter o material necessário, realize a montagem conforme demonstrada na Figura 3.2:

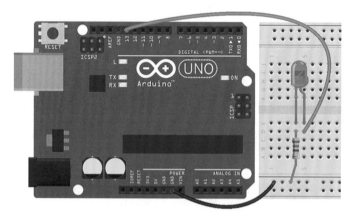

Figura 3.2 | Conexões.

Inicie o IDLE ou um editor de sua preferência e digite o programa a seguir:

```
import pyfirmata

# Especifique a Porta Serial onde o Arduino
# está conectado, por exemplo, COM3
PORTA = 'especificar_porta_serial'

arduino = Arduino(PORTA)
arduino.digital[13].mode = pyfirmata.OUTPUT
```

```
while True:
  arduino.digital[13].write(1)
  arduino.pass_time(0.5)
  arduino.digital[13].write(0)
  arduino.pass_time(0.5)
```

A primeira linha do programa deverá conter a importação do módulo pyFirmata.

O próximo passo consiste em criar um objeto que representará a placa Arduino, sendo necessário especificar a porta serial na qual ele estará fisicamente conectado. Por exemplo, no circuito que montamos o LED, foi conectado ao pino 13 do Arduino. Dessa maneira, definimos que esse pino deverá atuar como saída ou output, pois, ele será responsável por ligar ou desligar o LED.

No atributo *Mode*, podemos ter, além do valor output, os valores input, PWM e SERVO, os quais também serão abordados no decorrer desta obra.

Dentro do bloco de repetição (**while**), podemos observar que, no objeto arduino, a coleção digital consiste em uma lista onde especificamos o pino digital que será usado, neste exemplo, o 13.

O método write determinará se o pino será ligado (1) ou desligado (0) e o **sleep** da função Time suspenderá a execução do programa durante a quantidade de segundos que foi passado como parâmetro. Assim, apagaremos e acenderemos o LED dentro do intervalo de tempo especificado, criando um efeito de pisca-pisca. Utilize as combinação de teclas Ctrl-C (break) para terminar o programa.

Podemos ainda reescrever o programa utilizando a instrução **from**, importando apenas a classe Arduino e o atributo output, conforme podemos notar na primeira linha do código-fonte mostrado a seguir. Assim, quando utilizarmos os elementos importados, não precisaremos escrever a qual módulo pertencem:

```
from pyfirmata import Arduino, OUTPUT

# Especifique a Porta Serial onde o Arduino
# está conectado, por exemplo, COM3
PORTA = 'especificar_porta_serial'

arduino = Arduino(PORTA)
arduino.digital[13].mode = OUTPUT
while True:
  arduino.digital[13].write(1)
  arduino.pass_time(0.5)
  arduino.digital[13].write(0)
  arduino.pass_time(0.5)
```

Uma terceira alternativa, mostrada no programa a seguir, consiste em utilizar o método get_pin. Nesse caso, devemos especificar o tipo do pino que será empregado, em que a letra d significa digital e a analógico; o número do pino e como será usado, em que a letra i significa input (entrada), o output (saída), p PWM e s SERVO, conforme a seguir:

```
from pyfirmata import Arduino

# Especifique a Porta Serial onde o Arduino
# está conectado, por exemplo, COM3
PORTA = 'especificar_porta_serial'

arduino = Arduino(PORTA)
led = arduino.get_pin('d:13:o')

while True:
  led.write(1)
  arduino.pass_time(0.5)
  led.write(0)
  arduino.pass_time(0.5)
```

Dessa maneira, o parâmetro d:13:o passado para o método get_pin, neste programa, indica que o pino digital 13 será utilizado como saída.

3.2 CONTROLE DE UM LED

Neste projeto, utilizaremos a entrada de dados através do teclado (**input**) para definir se o LED conectado ao pino 13 do Arduino deverá ser aceso ou apagado.

MATERIAL NECESSÁRIO

- 1 Arduino.
- 1 resistor de 220 ohms (vermelho, vermelho, marrom) ou de 330 ohms (laranja, laranja, marrom).
- 1 LED (qualquer cor).
- 1 protoboard.
- Cabos de ligação.

Após obter o material necessário, realize a montagem de acordo conforme demonstrada na Figura 3.3.

Após montar o circuito, implemente o seguinte programa em Python:

```
from pyfirmata import Arduino, OUTPUT

# Especifique a Porta Serial onde o Arduino
# está conectado, por exemplo, COM3
PORTA = 'especificar_porta_serial'

arduino = Arduino(PORTA)
arduino.digital[13].mode = OUTPUT
while True:
  estado = input('Digite 1 para ligar o LED ou 0 para desligar: ')
  arduino.digital[13].write(int(estado))
```

Figura 3.3 | Conexões.

Aqui, o usuário, através da função **input**, digitará um valor que deverá ser 0 ou 1. Será armazenado na variável estado, que será convertida para um valor inteiro e passada como parâmetro para o método write. Podemos utilizar a estrutura de seleção **if** para garantir que o método write receba apenas os valores 0 ou 1 evitando, desta maneira, que o usuário cometa algum erro durante a digitação. O programa, então, poderia ser reescrito da seguinte maneira:

```
from pyfirmata import Arduino, OUTPUT

# Especifique a Porta Serial onde o Arduino
# está conectado, por exemplo, COM3
PORTA = 'especificar_porta_serial'

arduino = Arduino(PORTA)
arduino.digital[13].mode = OUTPUT

while True:
  estado = input('Digite 1 para ligar o LED ou 0 para desligar: ')
  if estado == '0' or estado == '1':
    arduino.digital[13].write(int(estado))
  else:
    print('ERRO: Digite apenas 0 ou 1! ')
```

3.3 TRATAMENTO DE EXCEÇÕES

Existem diversas situações nas quais devemos evitar o término inesperado e repentino do sistema. O tratamento de exceção, por exemplo, é uma boa prática em programação que permite evitarmos que um programa termine de forma abrupta. Em Python, temos as instruções **try** e **except**, que permitem implementar o tratamento de exceções.

Com o intuito de ilustrar este conceito utilizaremos a mesma montagem já realizada nos projetos anteriores e apresentada novamente a seguir:

MATERIAL NECESSÁRIO

- 1 Arduino.
- 1 resistor de 220 ohms (vermelho, vermelho, marrom) ou de 330 ohms (laranja, laranja, marrom).
- 1 LED (qualquer cor).
- 1 protoboard.
- Cabos de ligação.

Após separar os componentes que serão utilizados nesse projeto, realize também a montagem de acordo com a maneira demonstrada na Figura 3.4:

Figura 3.4 | Conexões.

A primeira situação que mostraremos é como terminar o programa usado no projeto "Pisca-pisca" do modo não repentino, permitindo executarmos o método exit para encerrarmos corretamente a comunicação com o Arduino.

```
import pyfirmata

# Especifique a Porta Serial onde o Arduino
# está conectado, por exemplo, COM3
PORTA = 'especificar_porta_serial'

arduino = Arduino(PORTA)
arduino.digital[13].mode = pyfirmata.OUTPUT

try:
  while True:
    arduino.digital[13].write(1)
    arduino.pass_time(0.5)
    arduino.digital[13].write(0)
    arduino.pass_time(0.5)
except KeyboardInterrupt:
  arduino.exit()
```

Note que antes de inserirmos a instrução de repetição **while**, devemos colocar o **try** e, ao final do programa, o **except**. Como estamos usando a exceção *KeyboardInterrupt*, quando o usuário pressionar a combinação de tecla Ctrl-C (break), o programa executará o método exit e terminará normalmente.

Devemos também implementar o tratamento de exceção sempre que determinada rotina estiver sujeita a erros, por exemplo, quando precisamos que o usuário digite um número e ela não apresenta um indicador válido. No próximo programa, que usa o mesmo circuito eletrônico e está apresentado na Figura 3.1, ilustraremos esse conceito.

A ideia é que o próprio usuário determine no início do programa, o intervalo de tempo que o LED deverá ficar aceso e depois apagado, conforme a seguir:

```
import pyfirmata

# Especifique a Porta Serial onde o Arduino
# está conectado, por exemplo, COM3
PORTA = 'especificar_porta_serial'

arduino = Arduino(PORTA)
arduino.digital[13].mode = pyfirmata.OUTPUT
estado = True
tempo = 0
try:
  while tempo <= 0:
    try:
      tempo = float(input('Digite o tempo: '))
      if tempo <= 0:
        print ('ERRO! Digite um número real positivo.')
    except:
      print ('ERRO! Digite um número real positivo.')
  while True:
    arduino.digital[13].write(estado)
    arduino.pass_time(tempo)
    estado = not estado
except KeyboardInterrupt:
  arduino.exit()
```

Observe que o usuário deverá digitar o tempo desejado. Caso não seja possível converter o que o usuário digitou para um número real (float) a exceção será executada e uma mensagem de erro exibida.

3.4 SINAL DE TRÂNSITO

Aplicando o conceito de saídas digitais do Arduino já abordado nos exemplos anteriores, podemos desenvolver um projeto que reproduzirá o funcionamento de um sinal de trânsito.

MATERIAL NECESSÁRIO:

- 1 Arduino.
- 3 resistores de 220 ohms (vermelho, vermelho, marrom) ou de 330 ohms (laranja, laranja, marrom).
- 3 LED (1 vermelho, 1 verde e 1 amarelo).
- 1 protoboard.
- Cabos de ligação.

A montagem deve ser realizada adotando, como referência, a Figura 3.5:

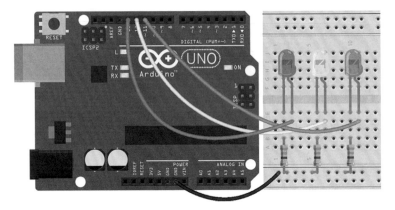

Figura 3.5 | Conexões.

Crie o programa em Python de acordo com as instruções a seguir e, após importar os módulos, crie variáveis que representarão o pino digital onde cada um dos LED estará conectado:

```
from pyfirmata import Arduino, OUTPUT

# Especifique a Porta Serial onde o Arduino
# está conectado, por exemplo, COM3
PORTA = 'especificar_porta_serial'

arduino = Arduino(PORTA)
verm = 13
amar = 12
verd = 11

arduino.digital[verm].mode = OUTPUT
arduino.digital[amar].mode = OUTPUT
arduino.digital[verd].mode = OUTPUT

while True:
  arduino.digital[verm].write(1)
  arduino.pass_time(5.0)
  arduino.digital[verm].write(0)
```

```
arduino.digital[verd].write(1)
arduino.pass_time(3.0)
arduino.digital[verd].write(0)
arduino.digital[amar].write(1)
arduino.pass_time(1.0)
arduino.digital[amar].write(0)
```

Na estrutura de repetição (**while**) colocaremos a lógica de funcionamento do sinal de trânsito, ou seja, começamos com o LED vermelho ligado e aguardamos 5 segundos. Na sequência o apagamos, ligamos o LED verde e esperamos mais 3 segundos.

Na fase seguinte do sinal de trânsito, apagamos o LED verde, acendemos o amarelo e aguardamos por mais 1 segundo. Por fim, apagamos o LED amarelo e um novo ciclo de repetição começará.

Empregando o método get_pin, já abordado, poderíamos reescrever o programa da seguinte maneira:

```python
from pyfirmata import Arduino

# Especifique a Porta Serial onde o Arduino
# está conectado, por exemplo, COM3
PORTA = 'especificar_porta_serial'

arduino = Arduino(PORTA)
verm = arduino.get_pin('d:13:o')
amar = arduino.get_pin('d:12:o')
verd = arduino.get_pin('d:11:o')

while True:
  verm.write(1)
  arduino.pass_time(5.0)
  verm.write(0)
  verd.write(1)
  arduino.pass_time(3.0)
  verd.write(0)
  amar.write(1)
  arduino.pass_time(1.0)
  amar.write(0)
```

Quando utilizamos muitos pinos do Arduino em um mesmo projeto, nota-se que a implementação do método get_pin deixará a sua implementação mais concisa e de fácil leitura, no que se refere ao entendimento do código-fonte.

Em uma nova ilustração, o projeto a seguir reproduzirá um cenário similar ao de um semáforo de veículos e pedestres. Supondo o seu estado inicial, sendo vermelho para os veículos e verde para os pedestres, devemos programar a sequência de acendimento dos LED, mantendo sempre o estado do semáforo de veículos sincronizado com o estado do de pedestres.

CAPÍTULO 3 | Entradas e Saídas Digitais **31**

MATERIAL NECESSÁRIO

- 1 Arduino.
- 5 resistores de 220 ohms (vermelho, vermelho, marrom) ou de 330 ohms (laranja, laranja, marrom).
- 5 LED (2 vermelhos, 2 verdes e 1 amarelo).
- 1 protoboard.
- Cabos de ligação.

A montagem deve ser realizada adotando, como referência, a Figura 3.6:

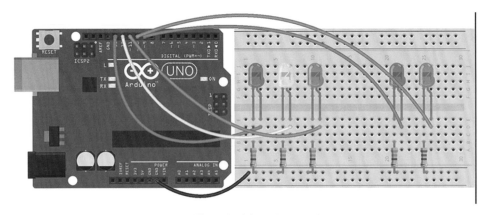

Figura 3.6 | Conexões.

Após realizar a montagem do circuito, digite o programa Python mostrado a seguir:

```
from pyfirmata import Arduino, OUTPUT

# Especifique a Porta Serial onde o Arduino
# está conectado, por exemplo, COM3
PORTA = 'especificar_porta_serial'

arduino = Arduino(PORTA)
verm_car = 13
amar_car = 12
verd_car = 11
verd_ped = 10
verm_ped =  9

arduino.digital[verm_car].mode = OUTPUT
arduino.digital[amar_car].mode = OUTPUT
arduino.digital[verd_car].mode = OUTPUT
arduino.digital[verd_ped].mode = OUTPUT
arduino.digital[verm_ped].mode = OUTPUT

while True:
  arduino.digital[verm_car].write(1)
  arduino.digital[verd_ped].write(1)
```

```python
arduino.pass_time(5.0)
arduino.digital[verd_car].write(1)
arduino.digital[verm_ped].write(1)
arduino.digital[verm_car].write(0)
arduino.digital[verd_ped].write(0)
arduino.pass_time(3.0)
arduino.digital[verd_car].write(0)
arduino.digital[amar_car].write(1)
arduino.pass_time(1.0)
arduino.digital[amar_car].write(0)
```

Observe, neste programa, que sempre ao mudar o estado do sinal de veículos alteramos também o de pedestres, mantendo o sincronismo entre eles. Na sequência, temos o programa reescrito utilizando o método get_pin:

```python
from pyfirmata import Arduino

import time

# Especifique a Porta Serial onde o Arduino
# está conectado, por exemplo, COM3
PORTA = 'especificar_porta_serial'

arduino = Arduino(PORTA)
verm_car = arduino.get_pin('d:13:o')
amar_car = arduino.get_pin('d:12:o')
verd_car = arduino.get_pin('d:11:o')
verd_ped = arduino.get_pin('d:10:o')
verm_ped = arduino.get_pin('d:9:o')

while True:
  verm_car.write(1)
  verd_ped.write(1)
  arduino.pass_time(5.0)
  verd_car.write(1)
  verm_ped.write(1)
  verm_car.write(0)
  verd_ped.write(0)
  arduino.pass_time(3.0)
  verd_car.write(0)
  amar_car.write(1)
  arduino.pass_time(1.0)
  amar_car.write(0)
```

3.5 CHAVE TÁTIL

Conforme mencionado, os pinos digitais do Arduino podem atuar tanto como entrada ou saída. Os projetos anteriores utilizaram os pinos sempre como saída. No entanto, nesse projeto, utilizaremos uma chave tátil (*push button*), ou simplesmente *botão* para explorar o conceito de entradas digitais.

CAPÍTULO 3 | Entradas e Saídas Digitais

MATERIAL NECESSÁRIO

- 1 Arduino.
- 1 chave tátil (*push button*).
- 1 resistor de 220 ohms (vermelho, vermelho, marrom) ou de 330 ohms (laranja, laranja, marrom).
- 1 resistor de 10k ohms (marrom, preto, laranja).
- 1 LED (qualquer cor).
- 1 protoboard.
- Cabos de ligação.

Realize a montagem dos componentes de acordo com a maneira indicada na Figura 3.7.

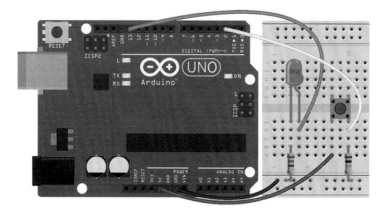

Figura 3.7 | Conexões.

O programa em Python, de acordo com o estado da chave tátil (botão), acenderá ou apagará o LED, conforme prescreve a seguir:

```
from pyfirmata import Arduino, INPUT, OUTPUT, util

# Especifique a Porta Serial onde o Arduino
# está conectado, por exemplo, COM3
PORTA = 'especificar_porta_serial'

arduino = Arduino(PORTA)
led   = 13
botao =  2

it = util.Iterator(arduino)
it.start()
arduino.digital[botao].mode = INPUT
```

```
arduino.digital[led].mode = OUTPUT

while True:
  estado = arduino.digital[botao].read()
  arduino.digital[led].write(estado)
```

Note que nesse programa o LED permanece aceso apenas enquanto o botão estiver pressionado. Podemos criar um novo programa em que ao pressionar e soltar o botão LED acenderá; ao pressionar e soltar o botão novamente, ele se apagará; e assim sucessivamente.

```
from pyfirmata import Arduino, INPUT, OUTPUT, util

# Especifique a Porta Serial onde o Arduino
# está conectado, por exemplo, COM3
PORTA = 'especificar_porta_serial'

arduino = Arduino(PORTA)
led = 13
botao = 2
anterior = False
estado = False

it = util.Iterator(arduino)
it.start()

arduino.digital[botao].mode = INPUT
arduino.digital[led].mode = OUTPUT

while True:
  valor = arduino.digital[botao].read()
  if valor == True and anterior == False:
    estado = not estado
    print('LED', estado)
    arduino.digital[led].write(estado)
  anterior = valor
  arduino.pass_time(0.05)
```

Observe no programa o uso da variável anterior, que contém sempre o último valor da chave tátil que foi lido. Quando ocorrer o acionamento com mudança do estado anterior, ou seja, a variável valor receber 1 e o estado anterior 0, inverteremos o valor armazenado na variável estado. A variável estado, por sua vez, determinará o acendimento ou não do LED.

Com base nos conceitos abordados até aqui, podemos unir os projetos, com o objetivo de incrementar o valor do contador cada vez que a chave tátil for pressionada.

MATERIAL NECESSÁRIO

- 1 Arduino.
- 1 chave tátil (*push button*).
- 3 resistores de 220 ohms (vermelho, vermelho, marrom) ou de 330 ohms (laranja, laranja, marrom).
- 1 resistor de 10k ohms (marrom, preto, laranja).
- 3 LED (qualquer cor).
- 1 protoboard.
- Cabos de ligação.

Realize a montagem dos componentes de acordo com a maneira indicada na Figura 3.8:

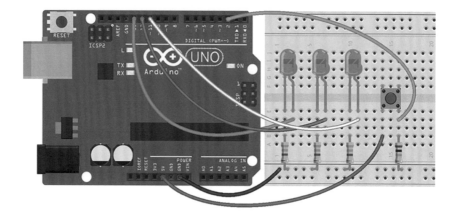

Figura 3.8 | Conexões.

Agora, desenvolva o seguinte programa utilizando a linguagem de programação Python:

```
from pyfirmata import Arduino, INPUT, OUTPUT, util

# Especifique a Porta Serial onde o Arduino
# está conectado, por exemplo, COM3
PORTA = 'especificar_porta_serial'

arduino = Arduino(PORTA)
led1 = 11
led2 = 12
led3 = 13
botao = 2
anterior = False
num = 0

digito = [
  [ 0, 0, 0 ],
```

```
    [ 0, 0, 1 ],
    [ 0, 1, 0 ],
    [ 0, 1, 1 ],
    [ 1, 0, 0 ],
    [ 1, 0, 1 ],
    [ 1, 1, 0 ],
    [ 1, 1, 1 ]
]
it = util.Iterator(arduino)
it.start()

arduino.digital[botao].mode = INPUT
arduino.digital[led1].mode = OUTPUT
arduino.digital[led2].mode = OUTPUT
arduino.digital[led3].mode = OUTPUT

while True:
  valor = arduino.digital[botao].read()
  if valor == True and anterior == False:
    num = num + 1
    if num > 7:
      num = 0
    print ('Decimal:', num, 'Binário:',
      str('{0:b}'.format(num)).zfill(3))
    arduino.digital[led1].write(            digito[num][0])
    arduino.digital[led2].write(            digito[num][1])
    arduino.digital[led3].write(            digito[num][2])
  anterior = valor
  arduino.pass_time(0.05)
```

Observe que definimos a lista que conterá os dígitos binários. No laço de repetição (while) obtemos o estado do botão e, caso haja mudança em relação ao valor anterior, incrementamos a variável que define o valor binário a ser mostrado nos LED.

PRÁTICA

1. Utilizando dois LED conectados, através de resistores de 220 ou de 330 ohms aos pinos 12 e 13 do Arduino, elabore um programa em Python que alterne o acendimento dos LED em intervalos de 0,25 segundo.

2. Utilizando dois LED conectados, através de resistores de 220 ou de 330 ohms, aos pinos 12 e 13 e uma chave tátil conectada ao pino 2 do Arduino através de um resistor de 10k ohms, elabore um programa em Python que inverta o acendimento dos LED sempre que a chave tátil for pressionada.

3. Adotando como referência o projeto "Controle de um LED", implemente uma solução em Python que pisque o LED na quantidade de vezes digitada pelo usuário. Por exemplo, se digitar, 6 o LED deverá piscar 6 vezes.

4. Utilizando quatro LED conectados, através de resistores de 220 ou de 330 ohms aos pinos 10, 11, 12 e 13 do Arduino, elabore um programa em Python que, quando o usuário digitar 1, acione um LED; quando digitar 2, acione 2 LED; e assim sucessivamente. Com exceção de quando digitar 0, onde todos os LED devem ser apagados. Adotando como referência o projeto "Chave tátil", crie um programa em Python que conte quantas vezes a chave foi pressionada pelo usuário.

CAPÍTULO 4

ENTRADAS E SAÍDAS ANALÓGICAS

OBJETIVOS

Demonstrar que, além das entradas e saídas digitais apresentadas anteriormente, por diversas vezes se torna necessário em nossos projetos trabalhar com valores analógicos, para receber os dados de um sensor de temperatura, para controlar a rotação de um motor etc. Desta forma, analisaremos o uso da entradas e saídas analógicas presentes no Arduino.

No Arduino, uma saída analógica trabalha com valores inteiros entre 0 e 255, enquanto as suas entradas atuam entre 0 e 1.023.

Você já deve ter observado que os pinos digitais 3, 5, 6, 9, 10 e 11 do Arduino possuem o símbolo til (~). Esses pinos podem ser definidos para atuar com *Pulse Width Modulation* (PWM), e é assim que o Arduino implementa o conceito de saída analógica.

Adotando uma visão simplificada, podemos entender que PWM consiste em uma técnica que permite que uma sequência de sinais digitais (0 ou 1) possa atuar gerando uma gama maior de valores em função de uma razão percentual de ciclo.

No Arduino, podemos usar esses pinos para produzir uma saída que apresente uma faixa de valores entre 0 (0%) e 1 (100%), sendo possível, através dos pinos PWM, controlar a intensidade do acendimento de um LED ou a aceleração (rotação) de um motor de corrente contínua.

Além disso, o Arduino também possui pinos que funcionam como entradas analógicas (Figura 4.1), que podem receber dados de vários tipos de sensores igualmente analógicos, como temperatura, umidade, luminosidade, entre outros.

Figura 4.1 | Entradas analógicas.

4.1 MISTURA DE CORES

Com o intuito de ilustrar esse conceito, utilizaremos três pinos PWM do Arduino para determinar a intensidade de acendimento de cada uma das cores (vermelho, verde e azul) que compõem um LED RGB. Este consiste, basicamente, em três LED encapsulados em um único invólucro, e seu tipo é definido pela forma como seus terminais estão ligados internamente, podendo ser do tipo cátodo ou ânodo comum.

MATERIAL NECESSÁRIO

- 1 Arduino.
- 3 resistores de 220 ohms (vermelho, vermelho, marrom) ou de 330 ohms (laranja, laranja, marrom).
- 1 LED RGB (cátodo ou ânodo comum).
- 1 protoboard.
- Cabos de ligação.

No LED RGB com cátodo comum, os componentes dos três LED estão interconectados, e o terminal mais longo deverá ser conectado ao polo negativo do circuito eletrônico, conforme observamos na Figura 4.2:

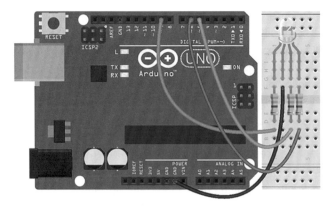

Figura 4.2 | Conexões LED RGB com cátodo comum.

40 Projetos com Python e Arduino

Já na utilização de um LED RGB com ânodo comum, devemos ligar o terminal mais longo ao polo positivo do circuito (5 volts), conforme indicado na Figura 4.3.

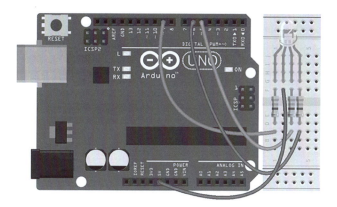

Figura 4.3 | Conexões LED RGB com ânodo comum.

Após a montagem do circuito, desenvolva o programa apresentado a seguir, sabendo que, independentemente do tipo de LED RGB que for utilizado, a programação será idêntica:

```
from pyfirmata import Arduino, PWM

import random

# Especifique a Porta Serial onde o Arduino
# está conectado, por exemplo, COM3
PORTA = 'especificar_porta_serial'

arduino = Arduino(PORTA)
vermelho = 9
azul = 6
verde = 5

arduino.digital[vermelho].mode = PWM
arduino.digital[azul].mode = PWM
arduino.digital[verde].mode = PWM

while True:
  arduino.digital[vermelho].write(
random.random())
  arduino.digital[azul].write(random.random())
  arduino.digital[verde].write(random.random())
  arduino.pass_time(2.0)
```

Em primeiro lugar, precisaremos importar também o módulo Random, além dos módulos pyFirmata e Time, que já utilizamos em programas anteriores. Depois, definiremos o modo de funcionamento dos pinos nos quais o LED RGB será conectado para PWM.

Como parâmetro do método write, usaremos o Random, que gerará um número real entre 0,0 e 1,0 e definirá a intensidade com que cada componente do LED RGB – vermelho, verde e azul – acenderá.

Neste projeto não fará diferença, mas devemos ter em mente que para acender totalmente uma das cores do LED RGB com cátodo comum devemos colocar o valor 1,0 no pino PWM correspondente. De maneira contrária, se estivermos utilizando um LED RGB com ânodo comum, o acendimento de uma das cores com máxima intensidade se dará com um valor 0,0 no respectivo pino.

Utilizando o método get_pin também é possível reescrever o programa da seguinte maneira:

```
from pyfirmata import Arduino, PWM

import random

# Especifique a Porta Serial onde o Arduino
# está conectado, por exemplo, COM3
PORTA = 'especificar_porta_serial'

arduino = Arduino(PORTA)
vermelho = arduino.get_pin('d:9:p')
azul = arduino.get_pin('d:6:p')
verde = arduino.get_pin('d:5:p')

while True:
  vermelho.write(random.random())
  azul.write(random.random())
  verde.write(random.random())
  arduino.pass_time(2.0)
```

Observe que, nesse caso, no método get_pin passamos como parâmetro a letra d para indicar que usaremos um pino digital; depois o número do pino, ou seja, 9, 6 ou 5 neste exemplo; e, por fim, a letra p para indicar que o pino atuará como uma saída PWM.

4.2 ILUMINAÇÃO AUTOMÁTICA

O objetivo deste projeto é controlar o estado de um LED aceso ou apagado a partir da intensidade da luminosidade do ambiente. Para realizar essa tarefa, usaremos um sensor de luminosidade *Light Dependent Resistor* (LDR), pois se trata de um componente que varia a sua resistência conforme a quantidade de luz que incide sobre ele.

MATERIAL NECESSÁRIO

- 1 Arduino.
- 1 resistor de 220 ohms (vermelho, vermelho, marrom) ou de 330 ohms (laranja, laranja, marrom).
- 1 LED (qualquer cor).
- 1 LDR.
- 1 resistor de 10k ohms (marrom, preto, laranja).
- 1 protoboard.
- Cabos de ligação.

Na Figura 4.4 demonstramos a montagem do circuito eletrônico.

Após a montagem do circuito, desenvolva o programa apresentado a seguir. Note que a lista *Analog* do objeto Arduino será usada para referenciar o pino analógico que, neste exemplo, é o 0.

Um objeto *Iterator* deverá ser criado para prevenir que a comunicação serial entre o Arduino e o computador fique sobrecarregada com a quantidade de dados enviados.

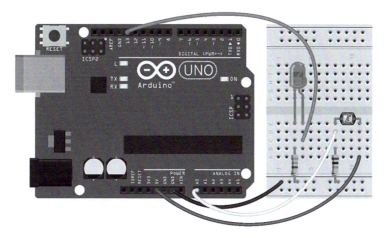

Figura 4.4 | Conexões.

Na sequência do programa, o método enable_reporting() habilitará a leitura da entrada analógica desejada:

```
from pyfirmata import Arduino, util

# Especifique a Porta Serial onde o Arduino
# está conectado, por exemplo, COM3
PORTA = 'especificar_porta_serial'

arduino = Arduino(PORTA)
it = util.Iterator(arduino)
it.start()
arduino.analog[0].enable_reporting()
while True:
  valor = str(arduino.analog[0].read())
  print (valor)
  if valor != 'None':
    valor = float(valor)
    if valor < 0.1:
      arduino.digital[13].write(1)
    else:
      arduino.digital[13].write(0)
    arduino.pass_time(0.1)
```

Perceba que o método **read** será usado para obtermos a leitura da entrada analógica do Arduino, que estará na faixa entre 0 e 1. Caso a leitura não seja possível, será obtido o valor none.

CAPÍTULO 4 | Entradas e Saídas Analógicas

Sendo assim, apenas devemos realizar a conversão do valor da entrada analógica para um número real (**float**) quando o valor retornado pelo método read contiver um número, ou seja, quando for diferente da **string none**. Após a conversão, o valor obtido determinará se o LED será aceso ou não.

Observe que usamos no **if** o valor 0,1 para determinar essa transição, mas você provavelmente precisará ajustar esse valor em função da quantidade de luz que há no local, além de estar de acordo com o modelo e/ou a sensibilidade do LDR utilizado.

A seguir, apresentamos a mesma solução lógica para o problema, porém usando o método get_pin:

```python
from pyfirmata import Arduino, util

# Especifique a Porta Serial onde o Arduino
# está conectado, por exemplo, COM3
PORTA = 'especificar_porta_serial'

arduino = Arduino(PORTA)
it = util.Iterator(arduino)
it.start()

ldr = arduino.get_pin('a:0:i')
led = arduino.get_pin('d:13:o')
ldr.enable_reporting()
while True:
  valor = str(ldr.read())
  print (valor)
  if valor != 'None':
    valor = float(valor)
    if valor < 0.5:
      led.write(1)
    else:
      led.write(0)
    arduino.pass_time(0.1)
```

Quando utilizamos uma entrada analógica, o parâmetro passado para o método get_pin deverá conter a letra a para indicar que será um pino analógico do Arduino, seguida de seu número, que neste exemplo é 0, e da letra i, que indica que será uma entrada.

4.3 POTENCIÔMETRO

O potenciômetro é um componente eletrônico que muda o valor de sua resistência conforme seu eixo é girado. É muito utilizado quando precisamos controlar o volume do som de um rádio portátil ou a velocidade de rotação de um motor elétrico. Com o intuito de exemplificar o seu uso, vamos aplicá-lo em dois programas.

No primeiro, utilizaremos o potenciômetro para ajustar a frequência na qual um LED piscará; no segundo, para determinar a intensidade luminosa com a qual o LED acenderá.

44 Projetos com Python e Arduino

MATERIAL NECESSÁRIO

- 1 Arduino.
- 1 potenciômetro de 10k ohms.
- 1 resistor de 220 ohms (vermelho, vermelho, marrom) ou 330 de ohms (laranja, laranja, marrom).
- 1 LED (qualquer cor).
- 1 protoboard.
- Cabos de ligação.

Realize a montagem conforme indicado na Figura 4.5:

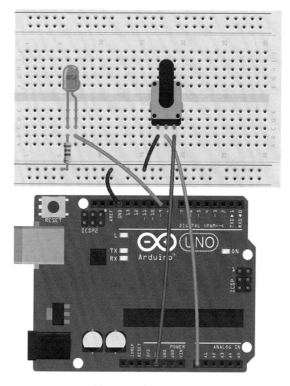

Figura 4.5 | Conexões.

Após montar o circuito eletrônico no ambiente de desenvolvimento Python, implemente o programa mostrado a seguir:

```python
from pyfirmata import Arduino, OUTPUT, util

# Especifique a Porta Serial onde o Arduino
# está conectado, por exemplo, COM3
PORTA = 'especificar_porta_serial'

arduino = Arduino(PORTA)
it = util.Iterator(arduino)
it.start()
arduino.analog[0].enable_reporting()
arduino.digital[9].mode = OUTPUT
estado = True
while True:
  valor = str(arduino.analog[0].read())
  print (valor)
  if valor != 'None':
    arduino.digital[9].write(estado)
    valor = float(valor)
    estado = not estado
    arduino.pass_time(valor)
```

A posição do eixo do potenciômetro, ou seja, o seu valor, será obtida através da entrada analógica 0 e utilizada como parâmetro para o método pass_time, o qual determinará o tempo em que o LED permanecerá aceso ou apagado e a frequência com a qual piscará. Note que este tempo poderá variar entre 0 e 1 segundo.

A seguir, apresentamos o mesmo programa adotando o método get_pin:

```python
from pyfirmata import Arduino, OUTPUT, util

# Especifique a Porta Serial onde o Arduino
# está conectado, por exemplo, COM3
PORTA = 'especificar_porta_serial'

arduino = Arduino(PORTA)
it = util.Iterator(arduino)
it.start()
pot = arduino.get_pin('a:0:i')
led = arduino.get_pin('d:9:o')
pot.enable_reporting()
estado = True
while True:
  valor = str(pot.read())
  print (valor)
  if valor != 'None':
    led.write(estado)
    valor = float(valor)
    estado = not estado
    arduino.pass_time(valor)
```

Outra possibilidade, ainda com o mesmo circuito eletrônico, é utilizar o potenciômetro para controlar a intensidade luminosa de um LED conectado a um dos pinos PWM do Arduino, conforme a seguir:

```python
from pyfirmata import Arduino, PWM, util

# Especifique a Porta Serial onde o Arduino
# está conectado, por exemplo, COM3
PORTA = 'especificar_porta_serial'

arduino = Arduino(PORTA)
it = util.Iterator(arduino)
it.start()
arduino.analog[0].enable_reporting()
arduino.digital[9].mode = PWM
while True:
  valor = str(arduino.analog[0].read())
  print (valor)
  if valor != 'None':
    valor = float(valor)
    arduino.digital[9].write(valor)
  arduino.pass_time(0.05)
```

Inicialmente, configuramos o pino digital 9 como PWM e aplicamos a ele o valor obtido pela entrada analógica 0 do Arduino, que, conforme a posição do eixo do potenciômetro, consiste em um valor real entre 0 e 1.

Utilizando o método get_pin temos a seguinte implementação:

```python
from pyfirmata import Arduino, PWM, util

# Especifique a Porta Serial onde o Arduino
# está conectado, por exemplo, COM3
PORTA = 'especificar_porta_serial'

arduino = Arduino(PORTA)
it = util.Iterator(arduino)
it.start()
pot = arduino.get_pin('a:0:i')
led = arduino.get_pin('d:9:p')
pot.enable_reporting()
while True:
  valor = str(pot.read())
  print (valor)
  if valor != 'None':
    valor = float(valor)
    led.write(valor)
  arduino.pass_time(0.05)
```

4.4 SENSOR DE TEMPERATURA

O termistor é um tipo de resistor que possui como característica a possibilidade de mudar o valor de sua resistência conforme a temperatura detectada. Podemos obter esse valor através de um pino analógico do Arduino e convertê-lo para uma escala de temperatura – como graus Celsius, Fahrenheit ou Kelvin.

MATERIAL NECESSÁRIO

- 1 Arduino.
- 1 termistor NTC de 10k ohms.
- 1 resistor de 10k ohms (marrom, preto, laranja).
- 1 protoboard.
- Cabos de ligação.

Na Figura 4.6, temos a montagem do circuito eletrônico:

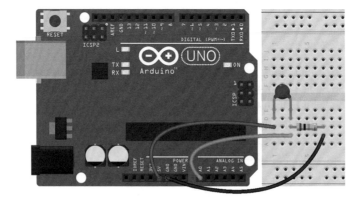

Figura 4.6 | Conexões.

No programa que mostramos a seguir, o valor do termistor é obtido através da entrada analógica 0 do Arduino, que em seguida é convertido para graus Kelvin e, por fim, para Celsius – sendo que a leitura é repetida a cada 5 segundos através do método pass_time:

```
from pyfirmata import Arduino, util
from math import log

# Especifique a Porta Serial onde o Arduino
# está conectado, por exemplo, COM3
PORTA = 'especificar_porta_serial'

arduino = Arduino(PORTA)
it = util.Iterator(arduino)
it.start()
arduino.analog[0].enable_reporting()
while True:
  valor = str(arduino.analog[0].read())
  if valor != 'None':
    valor = float(valor)
    tempK = log(10000.0 * (1.0 / valor - 1))
    tempK = 1 / (0.001129148 + (0.000234125
+ (0.0000000876741 * tempK * tempK )) * tempK)
    tempC = tempK - 273.15
    print (tempC)
    arduino.pass_time(5.0)
```

48 **Projetos com Python e Arduino**

ATENÇÃO!

A fórmula para conversão da resistência do termistor para temperatura e sua respectiva explicação estão disponíveis em vários sites na internet. No programa, utilizamos como referência as informações disponíveis em: <https://playground.arduino.cc/ComponentLib/Thermistor2> e: <https://en.wikipedia.org/wiki/Thermistor>.

Aplicando o conceito de modularização, abordado no Capítulo 3, e também utilizando o médodo get_pin, podemos otimizar o programa conforme mostra o código-fonte a seguir:

```
from pyfirmata import Arduino, util
from math import log

def obter_temp_celsius (valor):
  tempK = log(10000.0 * (1.0 / valor - 1))
  tempK = 1 / (0.001129148 + (0.000234125 +
(0.0000000876741 * tempK * tempK )) * tempK)
  tempC = tempK - 273.15
  return tempC

# Especifique a Porta Serial onde o Arduino
# está conectado, por exemplo, COM3
PORTA = 'especificar_porta_serial'
arduino = Arduino(PORTA)
it = util.Iterator(arduino)
it.start()
termistor = arduino.get_pin('a:0:i')
termistor.enable_reporting()
while True:
  valor = str(termistor.read())
  if valor != 'None':
    valor = float(valor)
    print (round(obter_temp_celsius(valor), 1), '°C')
    arduino.pass_time(5.0)
```

Observe ainda nesse mesmo programa o uso da função **round** para limitar o número de casas decimais da temperatura a ser exibida.

4.5 TERMÔMETRO DIGITAL

Neste projeto, combinaremos os conceitos aprendidos sobre o uso de botões e termistores para criarmos uma solução na qual usaremos uma chave tátil para selecionar se a temperatura deverá ser exibida em graus Celsius, Fahrenheit ou Kelvin.

MATERIAL NECESSÁRIO

- 1 Arduino.
- 1 termistor NTC de 10k ohms.
- 1 chave tátil (*push button*).
- 2 resistores de 10k ohms (marrom, preto, laranja).
- 1 protoboard.
- Cabos de ligação.

Realize a montagem do circuito conforme ilustrado pela Figura 4.7:

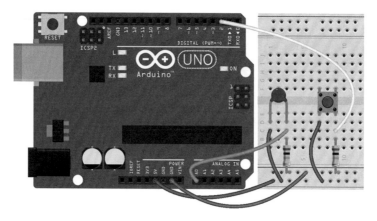

Figura 4.7 | Conexões.

Após a montagem do circuito eletrônico, implemente o programa mostrado a seguir:

```
from pyfirmata import Arduino, util
from math import log

def obter_temp_kelvin (valor):
  tempK = log(10000.0 * (1.0 / valor - 1))
  tempK = 1 / (0.001129148 + (0.000234125 + (0.0000000876741 * tempK *
tempK )) * tempK)
  return tempK

def obter_temp_celsius (valor):
  tempC = obter_temp_kelvin(valor) - 273.15
  return tempC

def obter_temp_fahrenheit (valor):
  tempF = (obter_temp_kelvin(valor) - 273.15) * 1.8 + 32.00
  return tempF

# Especifique a Porta Serial onde o Arduino
# está conectado, por exemplo, COM3
PORTA = 'especificar_porta_serial'
```

```
arduino = Arduino(PORTA)
it = util.Iterator(arduino)
it.start()
botao = arduino.get_pin('d:2:i')
termistor = arduino.get_pin('a:0:i')
termistor.enable_reporting()
escala = 0
anterior = False

while True:
  estado = botao.read()
  if estado == True and anterior == False:
    escala = escala + 1
    if escala > 2:
      escala = 0
  valor = str(termistor.read())
  if valor != 'None':
    valor = float(valor)
    if escala == 0:
      print ('Temperatura:', round( obter_temp_celsius(valor), 1), '°C')
    elif escala == 1:
      print ('Temperatura:', round( obter_temp_fahrenheit(valor), 1), '°F')
    else:
      print ('Temperatura:', round( obter_temp_kelvin(valor), 1), 'K')
  anterior = estado
  arduino.pass_time(0.05)
```

PRÁTICA

1. Adotando como referência o projeto "Mistura de cores", desenvolva um programa em Python que acione o LED RGB na cor digitada pelo usuário, podendo ser vermelho, verde ou azul, ou que o desligue caso ele digite apagar.

2. Modifique o projeto "Sensor de temperatura", acrescentando um LED vermelho no pino 12 e um verde no 13 do Arduino, usando resistores de 220 ou de 330 ohms para conectar os LED. Em Python, escreva um programa que acenda o LED verde se a temperatura estiver abaixo de 30 °C e, caso contrário, o vermelho.

3. Modifique o projeto "Iluminação automática", acrescentando um LED vermelho no pino 12, usando um resistor de 220 ou de 330 ohms para conectar o LED.

4. Adotando como referência o projeto "Potenciômetro", acrescente um LED vermelho no pino 12 e outro no 11 do Arduino e use resistores de 220 ou de 330 ohms para conectar os LED. Depois, em Python, desenvolva um programa que, conforme a posição do eixo do potenciômetro, acenda nenhum, um, dois ou três LED.

5. Adotando como referência o projeto "Mistura de cores", acrescente um potenciômetro. Depois, em Python, elabore um programa que troque a velocidade de alternância de cores do LED RGB de acordo com a posição de seu eixo.

CAPÍTULO 5

UM POUCO MAIS SOBRE LISTAS E DICIONÁRIOS

OBJETIVOS

Demonstrar como o uso de listas e dicionários pode simplificar o desenvolvimento de projetos que precisam lidar com um grande número de estados durante a execução de um programa.

Como abordado anteriormente, listas e dicionários permitem especificar e armazenar conjuntos de dados. Porém, enquanto em uma lista acessamos um elemento do conjunto através de um índice, nos dicionários trabalhamos com pares do tipo chave e valor.

5.1 CONTADOR BINÁRIO

O objetivo deste projeto é utilizar três LED para mostrar os números entre 0 e 7 no sistema de numeração binária, ou seja, utilizarmos as saídas digitais do Arduino para definir o estado 0 como desligado (low) ou 1 como ligado (high) para cada um dos LED, conforme ilustra a Tabela 5.1:

Tabela 5.1 | Sistema de numeração binária do Arduino

Número	LED 1	LED 2	LED 3
0	Low	Low	Low
1	Low	Low	High
2	Low	High	Low
3	Low	High	High
4	High	Low	Low
5	High	Low	High
6	High	High	Low
7	High	High	High

MATERIAL NECESSÁRIO

- 1 Arduino.
- 3 resistores de 220 ohms (vermelho, vermelho, marrom) ou de 330 ohms (laranja, laranja, marrom).
- 3 LED (qualquer cor).
- 1 protoboard.
- Cabos de ligação.

Realize a montagem dos componentes de acordo com a maneira indicada na Figura 5.1:

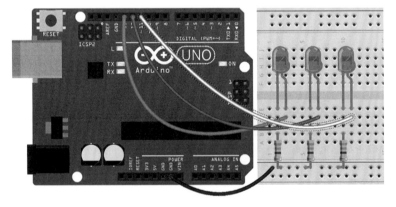

Figura 5.1 | Conexões.

Neste programa, observamos a criação de uma lista que conterá os estados dos LED para cada dígito binário. Perceba que temos sublistas dentro de uma matriz, pois cada número a ser mostrado em binário consiste de três dígitos, ou seja, temos 7 números e cada um é composto por três dígitos.

```python
from pyfirmata import Arduino, OUTPUT

# Especifique a Porta Serial onde o Arduino
# está conectado, por exemplo, COM3
PORTA = 'especificar_porta_serial'

arduino = Arduino(PORTA)
led1 = 11
led2 = 12
led3 = 13
num  = 0

digito = [
  [ 0, 0, 0 ],
  [ 0, 0, 1 ],
  [ 0, 1, 0 ],
  [ 0, 1, 1 ],
  [ 1, 0, 0 ],
  [ 1, 0, 1 ],
  [ 1, 1, 0 ],
  [ 1, 1, 1 ]
]

arduino.digital[led1].mode = OUTPUT
arduino.digital[led2].mode = OUTPUT
arduino.digital[led3].mode = OUTPUT

while True:
  arduino.digital[led1].write(digito[num][0])
  arduino.digital[led2].write(digito[num][1])
  arduino.digital[led3].write(digito[num][2])
  arduino.pass_time(1.0)
  num = num + 1
  if num > 7:
    num = 0
```

A variável **num** indicará o valor entre 0 e 7 que deverá ser exibido. Cada um, por sua vez, apresentará três dígitos associados a cada um dos LED e, após a exibição de cada número, haverá um tempo de espera de 1 segundo.

Observe também que quando a variável **num** atinge um valor maior que 7, ela é zerada, fazendo com que o contador reinicie a operação.

5.2 CONTADOR BINÁRIO MANUAL

Com base nos conceitos abordados, podemos unir os projetos do contador binário e da chave tátil. O objetivo agora é incrementar o valor do contador a cada vez que a chave tátil for pressionada.

MATERIAL NECESSÁRIO

- 1 Arduino.
- 1 chave tátil (*push button*).
- 3 resistores de 220 ohms (vermelho, vermelho, marrom) ou de 330 ohms (laranja, laranja, marrom).
- 1 resistor de 10k ohms (marrom, preto, laranja).
- 3 LED (qualquer cor).
- 1 protoboard.
- Cabos de ligação.

Realize a montagem dos componentes de acordo com a maneira indicada na Figura 5.2:

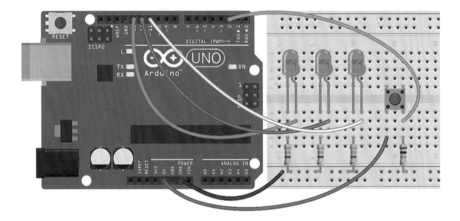

Figura 5.2 | Conexões.

Agora, desenvolva o seguinte programa utilizando a linguagem de programação Python:

```
from pyfirmata import Arduino, INPUT, OUTPUT, util

# Especifique a Porta Serial onde o Arduino
# está conectado, por exemplo, COM3
PORTA = 'especificar_porta_serial'

arduino = Arduino(PORTA)
led1 = 11
led2 = 12
led3 = 13
botao = 2
anterior = False
num = 0

digito = [
  [ 0, 0, 0 ],
```

```
    [ 0, 0, 1 ],
    [ 0, 1, 0 ],
    [ 0, 1, 1 ],
    [ 1, 0, 0 ],
    [ 1, 0, 1 ],
    [ 1, 1, 0 ],
    [ 1, 1, 1 ]
]
it = util.Iterator(arduino)
it.start()

arduino.digital[botao].mode = INPUT
arduino.digital[led1].mode = OUTPUT
arduino.digital[led2].mode = OUTPUT
arduino.digital[led3].mode = OUTPUT

while True:
  valor = arduino.digital[botao].read()
  if valor == True and anterior == False:
    num = num + 1
    if num > 7:
      num = 0
    print ('Decimal:', num, 'Binário:', str('{0:b}'.format(num)).
zfill(3))
    arduino.digital[led1].write(digito[num][0])
    arduino.digital[led2].write(digito[num][1])
    arduino.digital[led3].write( digito[num][2])
  anterior = valor
  arduino.pass_time(0.05)
```

Observe que definimos a lista que conterá os dígitos binários. Assim, no laço de repetição (**while**) obteremos o estado do botão e, caso haja mudança em relação ao valor anterior, incrementaremos a variável em um e definiremos o novo valor binário a ser mostrado nos LED.

5.3 SINAL DE TRÂNSITO PARA VEÍCULOS E PEDESTRES

Este projeto reproduzirá um cenário similar ao de um semáforo de veículos e pedestres. Supondo o estado inicial do cenário com o semáforo de veículos sendo vermelho e o de pedestres sendo verde, devemos programar a sequência de acendimento dos LED, mantendo sempre o estado do semáforo de veículos sincronizado com o de pedestres.

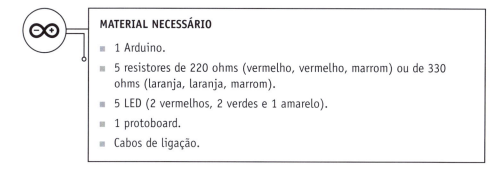

MATERIAL NECESSÁRIO

- 1 Arduino.
- 5 resistores de 220 ohms (vermelho, vermelho, marrom) ou de 330 ohms (laranja, laranja, marrom).
- 5 LED (2 vermelhos, 2 verdes e 1 amarelo).
- 1 protoboard.
- Cabos de ligação.

A montagem deve ser realizada adotando como referência a Figura 5.3:

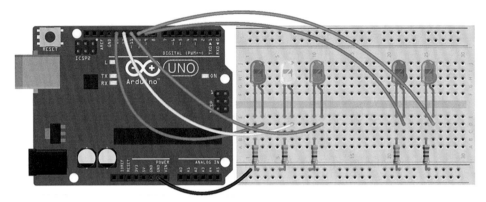

Figura 5.3 | Conexões.

Após realizar a montagem do circuito, digite o programa em Python mostrado a seguir:

```python
from pyfirmata import Arduino, OUTPUT

# Especifique a Porta Serial onde o Arduino
# está conectado, por exemplo, COM3
PORTA = 'especificar_porta_serial'

arduino = Arduino(PORTA)
led = {"verm_car": 13, "amar_car": 12, "verd_car": 11, "verd_ped": 10,
"verm_ped": 9}

for pino in led.values():
  arduino.digital[pino].mode = OUTPUT

while True:
  arduino.digital[led["verm_car"]].write(1)
  arduino.digital[led["verd_ped"]].write(1)
  arduino.pass_time(5.0)
  arduino.digital[led["verd_car"]].write(1)
  arduino.digital[led["verm_ped"]].write(1)
  arduino.digital[led["verm_car"]].write(0)
  arduino.digital[led["verd_ped"]].write(0)
  arduino.pass_time(3.0)
  arduino.digital[led["verd_car"]].write(0)
  arduino.digital[led["amar_car"]].write(1)
  arduino.pass_time(1.0)
  arduino.digital[led["amar_car"]].write(0)
```

Ao realizar esse comando, observe que será criado um dicionário onde o número de cada pino do Arduino usado no projeto estará associado a um nome ou chave. Dessa maneira, ao referenciar o pino poderemos usar a chave associada, tornando o programa bem mais intuitivo. Além disso, para qualquer necessidade de alteração dos pinos utilizados para a montagem, bastará realizar a mudança desejada no dicionário e o restante do programa não precisará ser alterado.

1. Modifique o projeto "Chave tátil", armazenando em uma lista a data e o horário dos últimos cinco pressionamentos da chave tátil.
2. Adotando como referência o projeto "Sensor de temperatura", crie uma lista que armazene as últimas dez leituras de temperatura.
3. Adotando como referência o projeto "Iluminação automática", armazene em um dicionário o valor da intensidade luminosa, a data e o horário em que a medida foi realizada, considerando sempre as últimas dez leituras.
4. Amplie o projeto "Contador binário", acrescentando mais um LED com o seu respectivo resistor, de modo que passem a ser exibidos valores binários entre 0 e 15.
5. Adotando como referência o projeto "Mistura de cores", armazene em um dicionário os últimos dez valores gerados para cada uma das cores.

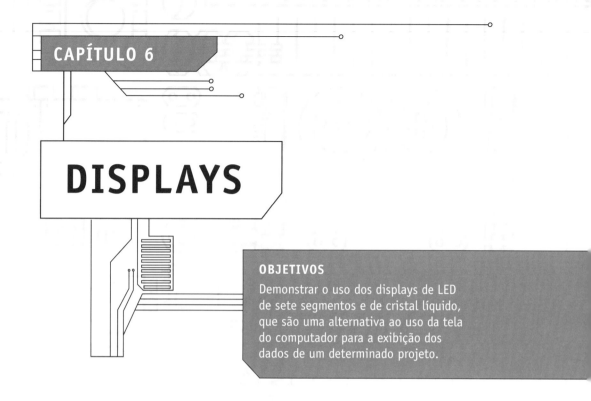

CAPÍTULO 6

DISPLAYS

OBJETIVOS
Demonstrar o uso dos displays de LED de sete segmentos e de cristal líquido, que são uma alternativa ao uso da tela do computador para a exibição dos dados de um determinado projeto.

6.1 DADO ELETRÔNICO

Displays de LED de sete segmentos consistem em uma forma bastante popular e acessível para mostrarmos informações alfanuméricas. Eles podem ser encontrados em diversas cores, como vermelho, verde, azul ou amarelo e possuem essa nomenclatura por basicamente consistirem em sete LED interconectados e dispostos de modo a formar números e caracteres a partir dos seus acendimentos. Normalmente também apresentam um oitavo LED que corresponde ao ponto decimal.

Existem dois tipos de displays, sendo determinados pelo modo como ocorrem as suas interconexões. Quando todos os cátodos estão interconectados, temos os displays de LED de cátodo comum. Por outro lado, quando são os ânodos que estão interligados, temos os displays de LED de ânodo comum.

Exemplificando o uso dos displays de LED de sete segmentos, o projeto que desenvolveremos a seguir implementará um dado eletrônico, isto é, a partir do pressionamento de uma chave tátil será sorteado e exibido no display de LED de sete segmentos um número entre 1 e 6.

MATERIAL NECESSÁRIO

- 1 Arduino.
- 1 display de LED de sete segmentos de cátodo ou ânodo comum (1 dígito).
- 1 chave tátil.
- 1 resistor de 220 ohms (vermelho, vermelho, marrom) ou de 330 ohms (laranja, laranja, marrom).
- 1 resistor de 10k ohms (marrom, preto, laranja).
- 1 protoboard.
- Cabos de ligação.

Apresentaremos duas opções de montagem. A primeira, na Figura 6.1, é para displays de LED de sete segmentos com cátodo comum, e a segunda, na Figura 6.2, deverá ser adotada para os modelos com ânodo comum.

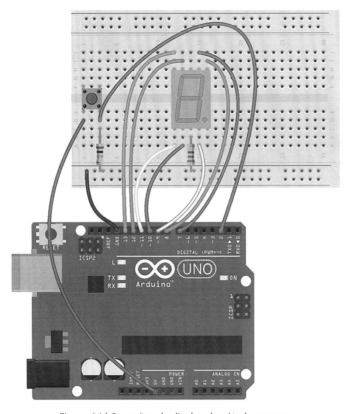

Figura 6.1 | Conexões de display de cátodo comum.

62   Projetos com Python e Arduino

Note que a diferença é bem sutil, pois na opção com cátodo comum ligamos o pino central ou comum do display ao polo negativo (*gnd*) do circuito via resistor de 220 ou 330 ohms, enquanto no display do tipo ânodo comum o pino central ou comum é conectado ao polo positivo (% volts) do circuito através do mesmo resistor de 220 ou 330 ohms.

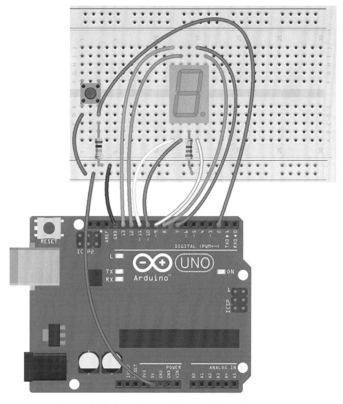

Figura 6.2 | Conexões de display de ânodo comum.

A seguir passaremos para a implementação em Python, em que também mostraremos as duas opções de acordo com o modelo de display usado na montagem. Basicamente, no tipo cátodo comum, um LED ou segmento é aceso quando colocamos no pino digital ao qual o segmento foi ligado o nível lógico high (1). De maneira contrária, em displays do tipo ânodo comum, o segmento ou LED é aceso ao colocarmos no pino digital o nível lógico low (0).

Dessa forma, podemos implementar o seguinte programa para displays com cátodo comum:

```python
from pyfirmata import Arduino, util

import random

anterior = False
digito = [
  [ 0, 1, 1, 0, 0, 0, 0 ],
  [ 1, 1, 0, 1, 1, 0, 1 ],
  [ 1, 1, 1, 1, 0, 0, 1 ],
  [ 0, 1, 1, 0, 0, 1, 1 ],
  [ 1, 0, 1, 1, 0, 1, 1 ],
  [ 1, 0, 1, 1, 1, 1, 1 ]
]

# Especifique a Porta Serial onde o Arduino
# está conectado, por exemplo, COM3
PORTA = 'especificar_porta_serial'

arduino = Arduino(PORTA)
it = util.Iterator(arduino)
it.start()

botao = arduino.get_pin('d:2:i')
seg = list()
seg.append(arduino.get_pin('d:7:o'))
seg.append(arduino.get_pin('d:8:o'))
seg.append(arduino.get_pin('d:9:o'))
seg.append(arduino.get_pin('d:10:o'))
seg.append(arduino.get_pin('d:11:o'))
seg.append(arduino.get_pin('d:12:o'))
seg.append(arduino.get_pin('d:13:o'))

def exibir(numero):
  for i in range(0, 7):
    seg[i].write(digito[numero][i])

def limpar():
  for i in range(0, 7):
    seg[i].write(0)

while True:
  valor = botao.read()
  if valor == True and anterior == False:
    exibir(random.randint(0, 5))
    arduino.pass_time(2.0)
    limpar()
  anterior = valor
  arduino.pass_time(0.05)
```

64   Projetos com Python e Arduino

Observe que a lista **seg** associará um pino digital do Arduino a um segmento do display, com o emprego de funções para modularizar e facilitar o desenvolvimento do programa.

A função **exibir** mostrará no display de LED de sete segmentos o número passado como parâmetro, sendo que o estado de cada segmento (1 para ligado ou 0 para desligado) se encontrará definido na matriz do dígito. Teremos também a função **limpar**, que apagará todos os segmentos do display, bastando escrever o valor 0 em cada um dos segmentos.

Graças ao uso do conceito de modularização, não precisaremos alterar o corpo principal do programa quando temos displays com ânodo comum, mudando apenas as funções **exibir** e **limpar**, conforme ilustra o código-fonte apresentado a seguir.

```
def exibir(numero):
  for i in range(0, 7):
    seg[i].write(not digito[numero][i])

def limpar():
  for i in range(0, 7):
    seg[i].write(1)
```

Na função **exibir**, usamos apenas o operador lógico **not** para inverter o valor da matriz que será colocado na porta digital do Arduino, pois, conforme já mencionamos, nesse tipo de display, o LED será ligado com nível lógico 0. Do mesmo modo, na função **limpar**, devemos colocar em cada porta digital do Arduino associada a um segmento do display o valor lógico 1, que apagará o respectivo segmento.

6.2 CONTADOR DECIMAL

A proposta deste projeto será utilizar o display de LED de sete segmentos para exibir os números inteiros entre 0 e 9 de maneira sequencial, ou seja, mostrar o próximo número cada vez que a chave tátil for pressionada e, quando exibirmos o número 9, um novo pressionamento voltará o contador a 0, reiniciando a contagem.

MATERIAL NECESSÁRIO

- 1 Arduino.
- 1 display de LED de sete segmentos cátodo ou ânodo comum (1 dígito).
- 1 chave tátil.
- 1 resistor de 220 ohms (vermelho, vermelho, marrom) ou de 330 ohms (laranja, laranja, marrom).
- 1 resistor de 10k ohms (marrom, preto, laranja).
- 1 protoboard.
- Cabos de ligação.

Perceba que utilizaremos exatamente o mesmo circuito eletrônico do projeto do dado eletrônico. Confira na Figura 6.3 a montagem para displays com cátodo comum.

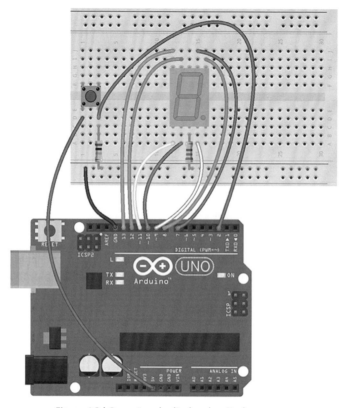

Figura 6.3 | Conexões de display de cátodo comum.

Já a Figura 6.4 demonstra como deve ser a montagem se utilizarmos um display de ânodo comum.

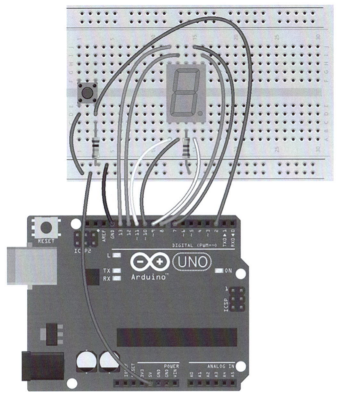

Figura 6.4 | Conexões de display de ânodo comum.

O programa completo, mostrado a seguir, representa a implementação para display com cátodo comum:

```
from pyfirmata import Arduino, util

anterior = False
num = 0

digito = [
  [ 1, 1, 1, 1, 1, 1, 0 ],
  [ 0, 1, 1, 0, 0, 0, 0 ],
  [ 1, 1, 0, 1, 1, 0, 1 ],
  [ 1, 1, 1, 1, 0, 0, 1 ],
  [ 0, 1, 1, 0, 0, 1, 1 ],
  [ 1, 0, 1, 1, 0, 1, 1 ],
  [ 1, 0, 1, 1, 1, 1, 1 ],
  [ 1, 1, 1, 0, 0, 0, 0 ],
  [ 1, 1, 1, 1, 1, 1, 1 ],
  [ 1, 1, 1, 0, 0, 1, 1 ]
]

# Especifique a Porta Serial onde o Arduino
# está conectado, por exemplo, COM3
PORTA = 'especificar_porta_serial'
```

```python
arduino = Arduino(PORTA)
it = util.Iterator(arduino)
it.start()

botao = arduino.get_pin('d:2:i')
seg = list()
seg.append(arduino.get_pin('d:7:o'))
seg.append(arduino.get_pin('d:8:o'))
seg.append(arduino.get_pin('d:9:o'))
seg.append(arduino.get_pin('d:10:o'))
seg.append(arduino.get_pin('d:11:o'))
seg.append(arduino.get_pin('d:12:o'))
seg.append(arduino.get_pin('d:13:o'))

def exibir(numero):
  for i in range(0, 7):
    seg[i].write(digito[numero][i])

exibir (num)
while True:
  valor = botao.read()
  if valor == True and anterior == False:
    num = num + 1
    if num > 9:
      num = 0
    exibir(num)
  anterior = valor
  arduino.pass_time(0.05)
```

No código-fonte apresentado, a matriz **dígito** foi alterada em relação ao projeto do dado eletrônico para conter os valores de 0 a 9. A variável **num** será incrementada a cada pressionamento da chave tátil e retornará ao valor 0 quando o seu valor exceder 9.

Do mesmo modo que fizemos no projeto anterior, quando estivermos usando um display de ânodo comum, bastará alterar a função **exibir**, de acordo com o código-fonte a seguir:

```python
def exibir(numero):
  for i in range(0, 7):
    seg[i].write(not digito[numero][i])
```

6.3 CONTADOR HEXADECIMAL E BINÁRIO

Podemos explorar mais o conceito de listas e matrizes em Python, assim como a própria utilização do display de LED de sete segmentos. Para tanto, neste projeto uniremos os conceitos abordados nos conteúdos do contador binário e do dado eletrônico.

MATERIAL NECESSÁRIO

- 1 Arduino.
- 1 display de LED de sete segmentos de cátodo ou ânodo comum (1 dígito).
- 4 LED (qualquer cor).
- 5 resistores de 220 ohms (vermelho, vermelho, marrom) ou de 330 ohms (laranja, laranja, marrom).
- 1 protoboard.
- Cabos de ligação.

Na Figura 6.5 apresentamos as ligações para displays de cátodo comum:

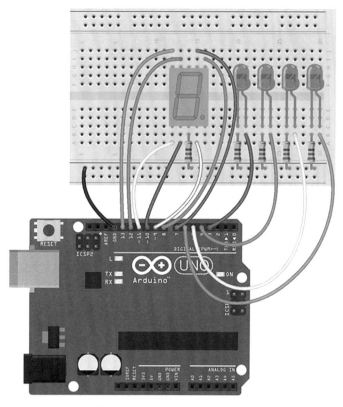

Figura 6.5 | Conexões de display de cátodo comum.

Já na Figura 6.6, apresentamos as ligações para displays de ânodo comum:

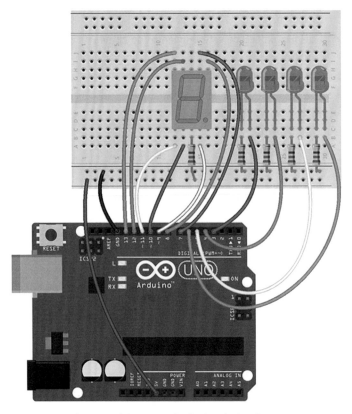

Figura 6.6 | Conexões de display de ânodo comum.

A seguir, temos a implementação em Python considerando o uso do display com cátodo comum. Observe a definição das listas hexadecimal e binária. A lista hexadecimal conterá o valor para cada segmento do display de LED, enquanto a binária contém os que serão aplicados aos 4 LED de acordo com o número ou índice desejado:

```
from pyfirmata import Arduino

# Especifique a Porta Serial onde o Arduino
# está conectado, por exemplo, COM3
PORTA = 'especificar_porta_serial'

arduino = Arduino(PORTA)

hexa = [
  [ 1, 1, 1, 1, 1, 1, 0 ],
  [ 0, 1, 1, 0, 0, 0, 0 ],
  [ 1, 1, 0, 1, 1, 0, 1 ],
  [ 1, 1, 1, 1, 0, 0, 1 ],
  [ 0, 1, 1, 0, 0, 1, 1 ],
  [ 1, 0, 1, 1, 0, 1, 1 ],
  [ 1, 0, 1, 1, 1, 1, 1 ],
```

```python
    [ 1, 1, 1, 0, 0, 0, 0 ],
    [ 1, 1, 1, 1, 1, 1, 1 ],
    [ 1, 1, 1, 0, 0, 1, 1 ],
    [ 1, 1, 1, 0, 1, 1, 1 ],
    [ 0, 0, 1, 1, 1, 1, 1 ],
    [ 1, 0, 0, 1, 1, 1, 0 ],
    [ 0, 1, 1, 1, 1, 0, 1 ],
    [ 1, 0, 0, 1, 1, 1, 1 ],
    [ 1, 0, 0, 0, 1, 1, 1 ]
]

binario = [
    [ 0, 0, 0, 0 ],
    [ 0, 0, 0, 1 ],
    [ 0, 0, 1, 0 ],
    [ 0, 0, 1, 1 ],
    [ 0, 1, 0, 0 ],
    [ 0, 1, 0, 1 ],
    [ 0, 1, 1, 0 ],
    [ 0, 1, 1, 1 ],
    [ 1, 0, 0, 0 ],
    [ 1, 0, 0, 1 ],
    [ 1, 0, 1, 0 ],
    [ 1, 0, 1, 1 ],
    [ 1, 1, 0, 0 ],
    [ 1, 1, 0, 1 ],
    [ 1, 1, 1, 0 ],
    [ 1, 1, 1, 1 ]
]

num = 0

seg = list()
seg.append(arduino.get_pin('d:7:o'))
seg.append(arduino.get_pin('d:8:o'))
seg.append(arduino.get_pin('d:9:o'))
seg.append(arduino.get_pin('d:10:o'))
seg.append(arduino.get_pin('d:11:o'))
seg.append(arduino.get_pin('d:12:o'))
seg.append(arduino.get_pin('d:13:o'))

led = list()
led.append(arduino.get_pin('d:3:o'))
led.append(arduino.get_pin('d:4:o'))
led.append(arduino.get_pin('d:5:o'))
led.append(arduino.get_pin('d:6:o'))

def exibir_hexa(numero):
    for i in range(0, 7):
        seg[i].write(hexa[numero][i])

def exibir_binario(numero):
    for i in range(0, 4):
        led[i].write(binario[numero][i])

while True:
    exibir_hexa(num)
    exibir_binario(num)
    num = num + 1
    if num > 15:
        num = 0
    arduino.pass_time(1.0)
```

Lembrando que, para o programa funcionar corretamente com displays de ânodo comum, bastará alterar a função **exibir_hexa**, conforme o trecho de código-fonte a seguir:

```python
def exibir_hexa(numero):
  for i in range(0, 7):
    seg[i].write(not hexa[numero][i])
```

Outra possibilidade de programa para este mesmo circuito eletrônico, apresentada a seguir, consiste em possibilitar que o usuário digite um número decimal inteiro entre 0 e 15 e o display e os LED mostrem o seu respectivo valor usando listas hexadecimais e binárias:

```python
from pyfirmata import Arduino

# Especifique a Porta Serial onde o Arduino
# está conectado, por exemplo, COM3
PORTA = 'especificar_porta_serial'

arduino = Arduino(PORTA)

hexa = [
  [ 1, 1, 1, 1, 1, 1, 0 ],
  [ 0, 1, 1, 0, 0, 0, 0 ],
  [ 1, 1, 0, 1, 1, 0, 1 ],
  [ 1, 1, 1, 1, 0, 0, 1 ],
  [ 0, 1, 1, 0, 0, 1, 1 ],
  [ 1, 0, 1, 1, 0, 1, 1 ],
  [ 1, 0, 1, 1, 1, 1, 1 ],
  [ 1, 1, 1, 0, 0, 0, 0 ],
  [ 1, 1, 1, 1, 1, 1, 1 ],
  [ 1, 1, 1, 0, 0, 1, 1 ],
  [ 1, 1, 1, 0, 1, 1, 1 ],
  [ 0, 0, 1, 1, 1, 1, 1 ],
  [ 1, 0, 0, 1, 1, 1, 0 ],
  [ 0, 1, 1, 1, 1, 0, 1 ],
  [ 1, 0, 0, 1, 1, 1, 1 ],
  [ 1, 0, 0, 0, 1, 1, 1 ]
]

binario = [
  [ 0, 0, 0, 0 ],
  [ 0, 0, 0, 1 ],
  [ 0, 0, 1, 0 ],
  [ 0, 0, 1, 1 ],
  [ 0, 1, 0, 0 ],
  [ 0, 1, 0, 1 ],
  [ 0, 1, 1, 0 ],
  [ 0, 1, 1, 1 ],
  [ 1, 0, 0, 0 ],
  [ 1, 0, 0, 1 ],
  [ 1, 0, 1, 0 ],
  [ 1, 0, 1, 1 ],
  [ 1, 1, 0, 0 ],
  [ 1, 1, 0, 1 ],
  [ 1, 1, 1, 0 ],
  [ 1, 1, 1, 1 ]
]
```

```python
num = 0

seg = list()
seg.append(arduino.get_pin('d:7:o'))
seg.append(arduino.get_pin('d:8:o'))
seg.append(arduino.get_pin('d:9:o'))
seg.append(arduino.get_pin('d:10:o'))
seg.append(arduino.get_pin('d:11:o'))
seg.append(arduino.get_pin('d:12:o'))
seg.append(arduino.get_pin('d:13:o'))

led = list()
led.append(arduino.get_pin('d:3:o'))
led.append(arduino.get_pin('d:4:o'))
led.append(arduino.get_pin('d:5:o'))
led.append(arduino.get_pin('d:6:o'))

def exibir_hexa(numero):
  for i in range(0, 7):
    seg[i].write(hexa[numero][i])

def exibir_binario(numero):
  for i in range(0, 4):
    led[i].write(binario[numero][i])

def limpar():
  for i in range(0, 7):
    seg[i].write(0)
  for i in range(0, 4):
    led[i].write(0)

while True:
  num = int(input('Digite um número entre 0 e 15: '))
  if num >= 0 and num <= 15:
    exibir_hexa(num)
    exibir_binario(num)
    arduino.pass_time(3.0)
    limpar()
  else:
    print ('Digite apenas um número entre 0 e 15! Tente de novo...')
```

Observe que usamos a função *Input* para possibilitar ao usuário digitar um valor, que é convertido para inteiro. Na sequência, verificamos se o valor se encontra na faixa entre 0 e 15 e, então, exibimos esse valor usando as funções exibir_hexa e exibir_binario. Após 3 segundos, apagamos o display e os LED através da função limpar para que um novo número seja digitado pelo usuário. Quando um display de ânodo comum for utilizado, será necessário alterar as funções exibir_hexa e limpar, como indicado no trecho de programa a seguir:

```python
def exibir_hexa(numero):
  for i in range(0, 7):
    seg[i].write(not hexa[numero][i])

def limpar():
  for i in range(0, 7):
    seg[i].write(1)
  for i in range(0, 4):
    led[i].write(0)
```

6.4 DISPLAY DE CRISTAL LÍQUIDO

Os *Liquid Crystal Display* (LCD) ou displays de cristal líquido são amplamente utilizados em diversos tipos de equipamentos eletrônicos como, por exemplo, os mostradores de aparelhos de rádio.

MATERIAL NECESSÁRIO

- 1 Arduino.
- 1 LCD de 16 colunas e 2 linhas.
- 1 potenciômetro de 10k ohms.
- 1 resistor de 220 ohms (vermelho, vermelho, marrom) ou de 330 ohms (laranja, laranja, marrom).
- 1 protoboard.
- Cabos de ligação.

A Figura 6.7 mostra as conexões necessárias para usarmos o LCD.

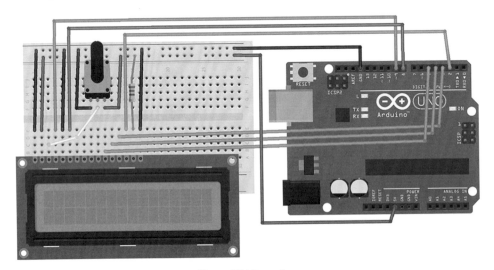

Figura 6.7 | Conexões.

Após realizar a montagem do circuito eletrônico, passaremos à parte de programação. No entanto, antes de escrevermos o programa em Python, é importante notarmos que o protocolo **Firmata** não apresenta suporte para LCD. Mas é fácil implementá-lo, bastando carregar o ambiente de desenvolvimento do Arduino, como na Figura 6.8:

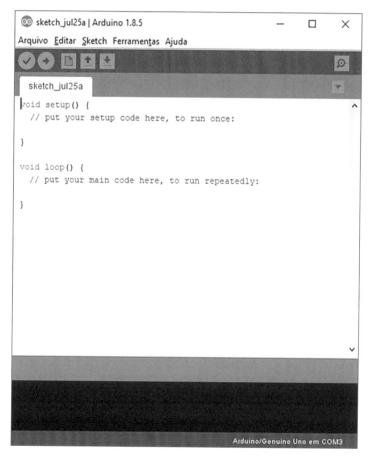

Figura 6.8 | Ambiente de desenvolvimento do Arduino.

Em seguida, abra o *Sketch* StandardFirmata, já utilizado anteriormente, e selecione a opção do menu *Salvar como* para criar uma cópia do mesmo, preservando o conteúdo do arquivo original. Use o nome "LCDStandardFirmata" para este novo arquivo.

Agora devemos inserir alguns trechos de código-fonte, tomando cuidado para não apagar ou alterar o programa original. No início do programa, logo após os comentários, adicione a rotina a seguir para incluir a biblioteca e também criar um objeto para o LCD a partir do uso dos pinos do Arduino que foram conectados ao display.

Colocaremos também uma função que receberá os dados a serem enviados pelo Python através do protocolo Firmata, que recebe uma cadeia de caracteres (**string**) contendo três parâmetros separados por ponto e vírgula (;). O primeiro parâmetro contém a coluna, o segundo contém a linha e o terceiro recebe o texto a ser disponibilizado no display, nas respectivas colunas e linhas:

```
// Suporte ao LCD:
#include <LiquidCrystal.h>

LiquidCrystal lcd(9, 8, 5, 4, 3, 2);

void lcdDataCallback(char *stringData){
  String str((char*)stringData);
  int sepIndex = str.indexOf(';');
  int secondSepIndex = str.indexOf(';', sepIndex + 1);

  String strCol =str.substring(0, sepIndex);
  String strRow = str.substring(sepIndex + 1, secondSepIndex);
  String text = str.substring(secondSepIndex + 1);

  int col = strCol.toInt();
  int row = strRow.toInt();

  lcd.setCursor(col, row);
  lcd.print(text);
}
```

O próximo código-fonte deve ser colocado no início da função **Setup** do programa StandardFirmata. O método begin inicializa o display, definindo o número de colunas e linhas, conforme a seguir:

```
// Suporte ao LCD (colocar na função setup):
lcd.begin(16, 2);
```

Na mesma função *Setup*, acrescente após os demais *Attach*, o *Call-back* para as rotinas que criamos para usar o LCD:

```
// Suporte ao LCD (colocar na função setup):
Firmata.attach(STRING_DATA, lcdDataCallback);
```

Em seguida, grave o sketch modificado e o transfira para o Arduino através do botão *Carregar*. Para qualquer dúvida sobre este procedimento volte ao capítulo "Instalação do Arduino e do pyFirmata".

Agora que o Firmata já está com suporte para LCD, podemos partir para a construção dos programas em Python. Em primeiro lugar, criaremos um arquivo chamado "lcd.py", que conterá as funções que usaremos em todos os programas que precisarem exibir dados em um LCD:

```
from pyfirmata import Arduino, util, STRING_DATA

def escrever(placa, col, lin, texto):
  dados = str(col) + ';' + str(lin) + ';' + texto
  if dados:
    placa.send_sysex(STRING_DATA, util.str_to_two_byte_iter(dados))

def limpar(placa):
  escrever(placa, 0, 0, ' ' * 16)
  escrever(placa, 0, 1, ' ' * 16)
```

A função escrever enviará para o LCD um texto a ser exibido em linhas e colunas especificadas. Observe que também passamos como parâmetro a placa, ou seja, o objeto que corresponde ao Arduino onde o display foi ligado. O método send_sysex será usado para enviar os dados através do protocolo Firmata. Por outro lado, a função **limpar** colocará espaços em branco nas 16 colunas de cada linha do LCD, apagando qualquer conteúdo exibido.

Criaremos um programa que testará se tudo o que fizemos até o momento (a montagem do circuito eletrônico, o StandardFirmata modificado e as duas funções criadas no Python) está funcionando adequadamente.

O programa é simples, como mostra o código-fonte a seguir, em que importamos o pyFirmata e também as funções para o LCD criado. Em seguida, mostraremos um texto em cada linha do display através da função **escrever**, aguardaremos 5 segundos, usaremos a função **limpar** para apagar o conteúdo exibido no display e encerraremos o programa através do método exit:

```python
from pyfirmata import Arduino
import lcd

# Especifique a Porta Serial onde o Arduino
# está conectado, por exemplo, COM3
PORTA = 'especificar_porta_serial'

arduino = Arduino(PORTA)

lcd.escrever(arduino, 0, 0, 'Python+Arduino')
lcd.escrever(arduino, 0, 1, 'Ola pessoal!')
arduino.pass_time(5.0)
lcd.limpar(arduino)
arduino.exit()
```

No próximo programa, exibiremos no LCD um texto digitado pelo usuário. Note o uso da função **input**, que permite o envio desse texto para o LCD:

```python
from pyfirmata import Arduino
import lcd

# Especifique a Porta Serial onde o Arduino
# está conectado, por exemplo, COM3
PORTA = 'especificar_porta_serial'

arduino = Arduino(PORTA)

nome = input('Digite o seu nome: ')
lcd.escrever(arduino, 0, 0, 'Ola ' + nome)
arduino.pass_time(5.0)
lcd.limpar(arduino)
arduino.exit()
```

Agora, para obter e exibir em LCD a data e horário atuais do computador, importaremos também o módulo Datetime. O método now obterá a data e horário correntes disponíveis no relógio de tempo real ou Real Time Clock (RTC) do computador.

Em seguida, os atributos *day*, *month* e *year* retornam respectivamente os valores de dia, número do mês e ano, os quais armazenaremos em uma cadeia de caracteres no formato utilizado no Brasil. Depois, usaremos os métodos hour, minute e second e faremos o mesmo para obter a hora devidamente formatada:

```
from pyfirmata import Arduino
from datetime import datetime
import lcd

# Especifique a Porta Serial onde o Arduino
# está conectado, por exemplo, COM3
PORTA = 'especificar_porta_serial'

arduino = Arduino(PORTA)

while True:
    agora = datetime.now()
    data = str(agora.day) + '/' + str(agora.month) + '/' + str(agora.year)
    hora = str(agora.hour) + ':' + str(agora.minute).zfill(2) + ':' + str(agora.second).zfill(2)
    lcd.escrever(arduino, 0, 0, data)
    lcd.escrever(arduino, 0, 1, hora)
    arduino.pass_time(1.0)
```

O uso do método *zfill* para minuto e segundo mostrará esses valores sempre com dois dígitos, completando com zero à esquerda quando necessário. Finalizando o programa, após exibirmos a data e horário no LCD, aguardaremos 1 segundo e atualizaremos novamente o display.

6.5 RELÓGIO DIGITAL

A quantidade de informações que pode ser exibida em um LCD é limitada nos modelos mais comuns e acessíveis em termos de curso, sendo apenas de 32 caracteres (16 colunas × 2 linhas). Porém, podemos usar uma chave tátil para permitir que os dados sejam trocados, criando um efeito de paginação e ampliando a quantidade de caracteres a serem exibidos.

Com o objetivo de ilustrar esse conceito, criaremos um projeto de relógio digital que mostrará, além de data e horário atuais, o nome por extenso do mês e do dia da semana.

MATERIAL NECESSÁRIO

- 1 Arduino.
- 1 LCD de 16 colunas e 2 linhas.
- 1 potenciômetro de 10k ohms.
- 1 chave tátil.
- 1 resistor de 220 ohms (vermelho, vermelho, marrom) ou de 330 ohms (laranja, laranja, marrom).
- 1 resistor de 10k ohms (marrom, preto, laranja).
- 1 protoboard.
- Cabos de ligação.

Realize a montagem de acordo com a maneira indicada pela Figura 6.9:

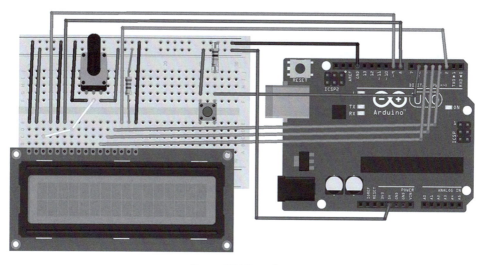

Figura 6.9 | Conexões.

Após a montagem do circuito eletrônico, implemente o seguinte programa em Python:

```
from pyfirmata import Arduino, util, INPUT
from datetime import datetime
import lcd

mes_extenso = ['Janeiro', 'Fevereiro', 'Marco',
  'Abril', 'Maio', 'Junho', 'Julho', 'Agosto',
  'Setembro', 'Outubro', 'Novembro', 'Dezembro']
dia_semana = ['Segunda', 'Terca', 'Quarta',
  'Quinta', 'Sexta', 'Sabado', 'Domingo']
botao = 6
anterior = False
funcao = 0
linha = ['', '']

# Especifique a Porta Serial onde o Arduino
# está conectado, por exemplo, COM3
PORTA = 'especificar_porta_serial'

arduino = Arduino(PORTA)
arduino.digital[botao].mode = INPUT
it = util.Iterator(arduino)
it.start()

while True:
  agora = datetime.now()
  valor = arduino.digital[botao].read()

  if valor == True and anterior == False:
    lcd.limpar(arduino)
    funcao = funcao + 1
    if funcao > 1:
      funcao = 0
```

```
  if funcao == 0:
    linha[0] = str(agora.day) + '/' + str(agora.month) + '/' +
str(agora.year)
    linha[1] = str(agora.hour) + ':' + str(agora.minute).zfill(2) + ':' +
str(agora.second).zfill(2)
  else:
    linha[0] = mes_extenso[agora.month - 1] + ' ' + str(agora.day)
    linha[1] = dia_semana[agora.weekday()]

  for i in range(2):
    lcd.escrever(arduino, 0, i, linha[i])

  anterior = valor
  arduino.pass_time(0.05)
```

Inicialmente, devemos criar uma lista com os nomes dos meses e outra com o dos dias da semana, permitindo que a variável **funcao** contenha o número da página que será mostrado no display e possa ser incrementada sempre que a chave tátil for pressionada. Note que quando o valor desta variável for 0, o display mostrará a data e o horário do mesmo modo que realizamos no último programa da seção anterior.

De outra maneira, quando a variável **funcao** assumir o valor 1, o display mostrará o nome do mês, o número do dia dentro do mês e o nome do respectivo dia da semana.

6.6 RELÓGIO E TERMÔMETRO DIGITAL

Ao relógio digital montado no capítulo anterior, acrescentaremos a leitura da temperatura ambiente. Para obter essa temperatura, usaremos um termistor, que também já abordamos nesta obra.

MATERIAL NECESSÁRIO

- 1 Arduino.
- 1 LCD de 16 colunas e 2 linhas.
- 1 potenciômetro de 10k ohms.
- 1 chave tátil.
- 1 termistor NTC de 10k ohms.
- 1 resistor de 220 ohms (vermelho, vermelho, marrom) ou de 330 ohms (laranja, laranja, marrom).
- 2 resistores de 10k ohms (marrom, preto, laranja).
- 1 protoboard.
- Cabos de ligação.

A Figura 6.10 mostra as conexões necessárias para a montagem do circuito eletrônico que será usado neste projeto:

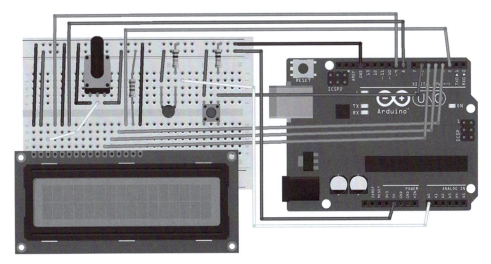

Figura 6.10 | Conexões.

Após a montagem do circuito eletrônico, implemente o seguinte programa em Python:

```python
from pyfirmata import Arduino, util, INPUT
from datetime import datetime
import lcd
from math import log

def obter_temp_celsius (valor):
  tempK = log(10000.0 * (1.0 / valor - 1))
  tempK = 1 / (0.001129148 + (0.000234125 + (0.0000000876741 * tempK * tempK )) * tempK)
  tempC = tempK - 273.15
  return tempC

mes_extenso = ['Janeiro', 'Fevereiro', 'Marco',
  'Abril', 'Maio', 'Junho', 'Julho', 'Agosto',
  'Setembro', 'Outubro', 'Novembro', 'Dezembro']
dia_semana = ['Segunda', 'Terca', 'Quarta',
  'Quinta', 'Sexta', 'Sabado', 'Domingo']
anterior = False
funcao = 0
linha = ['', '']

# Especifique a Porta Serial onde o Arduino
# está conectado, por exemplo, COM3
PORTA = 'especificar_porta_serial'

arduino = Arduino(PORTA)
botao = arduino.get_pin('d:6:i')
termistor = arduino.get_pin('a:0:i')
termistor.enable_reporting()
it = util.Iterator(arduino)
it.start()

while True:
  temperatura = str(termistor.read())
  if temperatura != 'None':
```

```
    temperatura = float(temperatura)
    temperatura = round(obter_temp_celsius(temperatura), 1)

agora = datetime.now()
valor = botao.read()

if valor == True and anterior == False:
  lcd.limpar(arduino)
  funcao = funcao + 1
  if funcao > 1:
    funcao = 0

if funcao == 0:
  linha[0] = str(agora.day) + '/' + str(agora.month) + '/' + str(agora.year)
  linha[1] = str(agora.hour) + ':' + str(agora.minute).zfill(2) + ':' + str(agora.second).zfill(2)
else:
  linha[0] = mes_extenso[agora.month - 1] + ' ' + str(agora.day)
  linha[1] = dia_semana[agora.weekday()]

for i in range(2):
  lcd.escrever(arduino, 0, i, linha[i])
lcd.escrever(arduino, 10, 1, str(temperatura) + "'C")

anterior = valor
arduino.pass_time(0.5)
```

Observe que, comparado ao projeto do relógio digital, acrescentamos apenas as rotinas que permitem a leitura da entrada analógica à qual o termistor está conectado e a conversão do valor para graus Celsius.

PRÁTICA

1. Utilizando um display de LED de sete segmentos, exiba as três primeiras letras do seu nome.
2. Utilizando um display de LED de sete segmentos, exiba um número entre 0 e 9 digitado pelo usuário.
3. Adotando como referência o projeto "Display de cristal líquido", exiba na primeira linha do display o seu nome e, na segunda linha, o seu sobrenome.
4. Adotando como referência o projeto "Display de cristal líquido", exiba nome e sobrenome que deverão ser digitados pelo usuário.
5. Adotando como referência o circuito eletrônico montado para o projeto "Relógio e termômetro digital", alterne a cada 1 segundo a exibição da temperatura para graus Celsius, Fahrenheit ou Kelvin.

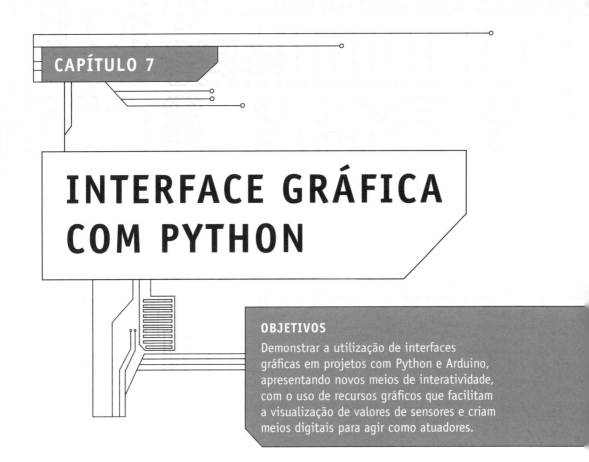

CAPÍTULO 7

INTERFACE GRÁFICA COM PYTHON

OBJETIVOS

Demonstrar a utilização de interfaces gráficas em projetos com Python e Arduino, apresentando novos meios de interatividade, com o uso de recursos gráficos que facilitam a visualização de valores de sensores e criam meios digitais para agir como atuadores.

7.1 CONCEITOS FUNDAMENTAIS DA BIBLIOTECA TKINTER

Atualmente, é comum, para não dizer fundamental, a existência de interfaces gráficas de usuários, ou *Graphical User Interfaces* (GUI) em sistemas, para proporcionar melhor interação e facilidade em seu uso. Janelas, botões, menus, campos de textos, entre outros, são exemplos de elementos comuns para criarmos uma interface com o usuário e, para a linguagem Python, temos uma biblioteca que acompanha a sua instalação padrão com essas ferramentas, chamada de Tkinter.

Essa biblioteca permite criarmos elementos gráficos de maneira rápida e intuitiva, sendo uma das mais usadas em Python para esse propósito. Mantida pela própria Python Software Foundation (PSF), entidade responsável pela linguagem, possui um vasto material de consulta e muitos exemplos disponíveis na internet.

ATENÇÃO!

Não usaremos todos os recursos que a biblioteca oferece. Mas, para conhecer mais ou aprimorar os exemplos deste livro, indicamos a consulta à documentação oficial para a versão Python 3, disponível em: <https://docs.python.org/3/library/tk.html>.

Para começar a usá-la, não precisamos de nenhuma instalação adicional, bastando importar para o nosso código os recursos da biblioteca, como no exemplo a seguir:

```
from tkinter import *
```

Nesse caso, optamos por importar todos os recursos (o '*' significa todos). No entanto, caso queira apenas um deles, podemos substituir o asterisco (*) pelo nome do recurso, como *button* (botão). Aqui, faremos sempre a importação de todos os recursos da biblioteca, uma vez que há possibilidade de utilizarmos mais de um em nossos projetos.

ATENÇÃO!

O objetivo deste livro não é abordar todas as questões sobre o uso de GUI. Conforme o seu surgimento nos projetos, abordaremos mais detalhes sobre os seus elementos utilizados.

Para criar a nossa primeira aplicação com GUI usando Tkinter, devemos compreender dois conceitos de interface, o widget e o container, em que:

- **Widget:** é o termo relacionado ao elemento de interface que estará na tela, como um botão ou campo de texto. Esses widgets serão os componentes que proverão a interação com o usuário.

- **Container:** é uma estrutura que agrupa e organiza os widgets. Por exemplo, em uma tela na qual temos os elementos dispostos, podemos compreender que essa tela agrupa e organiza os elementos, podendo, assim, ser chamada de container de elementos. Para facilitar, faça a analogia de um container real, aquelas grandes caixas que estocam objetos em portos marítimos.

Nesse exemplo, criaremos o container *Janela*, que será o objeto que representará toda a nossa estrutura referente à tela que utilizaremos. Na prática, a janela servirá para definirmos toda a área útil a ser utilizada.

Igualmente, criaremos outro container, mais interno, que conterá os elementos de tela ou widgets, representados, neste caso, por um botão *Fechar*. A Figura 7.1 mostra a hierarquia dos elementos de tela que utilizaremos:

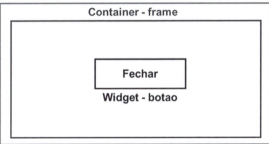

Figura 7.1 | Estrutura da tela.

O seguinte código mostra a criação da interface discutida. Para a criação do container *Janela*, atribuímos a classe **Tk()**, que define todas as funções de formação de interfaces gráficas. Aqui também escolhemos o título que surgirá na tela (método **title()**) e o seu tamanho em pixels com o método **geometry()**.

Já para a criação do container *Frame*, atribuímos da classe de mesmo nome, que organiza os componentes de tela, e o método pack(), que serve para fazer a geometria e alinhamentos necessários. Importante notar o atributo master, que aponta quem é o elemento-pai, ou seja, quem é superior na hierarquia que, neste caso, é o frame.

O *Botao* recebe propriedades da classe de funções **button**, com seu elemento-pai indicando o container *Frame* e com o atributo **text** (texto que será inserido no botão) com o valor fechar. O código a seguir demonstra todas as ações descritas:

```
from tkinter import *

def fechar():
    janela.quit()

janela = Tk()
janela.title("Aplicação em Tkinter")
janela.geometry("300x50")

frame = Frame(master=janela)
frame.pack()

botao = Button(master = frame,  text = "Fechar", command=fechar)
botao.pack()

janela.mainloop()
```

Como resultado desse código, temos a interface da Figura 7.2:

Figura 7.2 | Tela do projeto.

Para este exemplo, foi criada uma função **fechar()**, possuindo apenas uma linha de comando e utilizando o método quit() do container janela para o fechar. Essa função é chamada pelo *Botao* presente no atributo **command**, no momento em que o usuário pressiona o respectivo botão na tela.

Por último, é importante notar a função **mainloop()** atrelada ao elemento janela. Essa função descreve um evento, caracterizado como o terceiro conceito para a compreensão de interfaces gráficas com Tkinter junto de container e widget. De maneira simplificada, um evento pode ser uma ação ou procedimento que ocorre com a interface ou através dela. Por exemplo, o clique de um mouse pode ser tratado com um evento, assim como a interação do usuário com o teclado.

O **mainloop()** é um evento especial, que sempre será vínculado ao elemento container principal ou raiz, no nosso exemplo, *Janela*. O objetivo principal do **mainloop()** é definir a renderização contínua da interface, ou seja, em loop, e que poderá ser encerrada pressionando o "x" de fechar da tela ou através da função **quit()**.

Os widgets de tela podem ser alterados conforme as suas propriedades. O exemplo a seguir altera a propriedade de um elemento label (etiqueta), que tem como objetivo exibir um texto em tela. A interface inicial desse exemplo é vista na Figura 7.3:

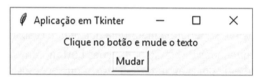

Figura 7.3 | Tela do projeto.

O elemento **label** contém o texto "Clique no botão e mude o texto", e aqui o alteraremos ao clicar no botão. Chamamos esta função de mudaTexto(), pois altera a propriedade **text** do componente, como mostra a linha de comando a seguir:

label['text']='Mudou!'

As propriedades dos elementos podem ser acessadas usando colchetes ([]), e definindo neles qual será o novo valor que receberá. O código completo deste exemplo é o seguinte:

```
from tkinter import *

def mudaTexto():
  label['text']='Mudou!'

janela = Tk()
janela.title("Aplicação em Tkinter")
janela.geometry("300x50")

frame = Frame(master=janela)
frame.pack()

label = Label(master=frame, text="Clique no botão e mude o texto")
```

```
label.pack()

botao = Button(master=frame, text="Mudar",command=mudaTexto)
botao.pack()

janela.mainloop()
```

Uma das ações mais comuns realizadas com interfaces gráficas é a inserção de dados. No Tkinter, existe um elemento especial, chamado de **entry**. Esse widget funciona como um campo de inserção de dados para uso comum. Uma vez inserido um valor no campo, ele pode ser atribuído a uma variável ou utilizado em algum trecho do código-fonte.

Neste projeto, definiremos os seguintes elementos gráficos:

- **janela:** o container principal;
- **frame:** o container dos elementos de tela;
- **labelentrada:** uma label apenas descrevendo o que deve ser inserido como entrada de dados;
- **entrada:** o elemento do tipo **entry** (entrada), que pegará o valor digitado pelo usuário;
- **botao:** o elemento do tipo **button**, para interação com o usuário;
- **labelsaida:** uma label que escreverá a saída de dados.

Com o intuito de obter uma melhor disposição dos elementos gráficos na janela, usaremos as funções de **grid()** dos widgets. Essa função faz um posicionamento, considerando a tela como se tivesse uma grade de posições, definidas por linha (row) e coluna (column). Por exemplo, a label **entrada** se posiciona na primeira linha (row = 0) e na primeira coluna (column = 0). O trecho de código-fonte a seguir mostra a aplicação do **grid**, com o posicionamento da **label** com o texto "Digite um número".

```
labelentrada.grid(row=0, column=0)
```

A janela inicial com uma marcação de grade é mostrada na Figura 7.4. Importante notar que fora o já citado componente **label**, temos também o **entry** que assume como padrão um campo de entrada de dados e o **button** (botão). Na terceira linha, primeira coluna vemos uma **label**, que será utilizada para exibir o número digitado com entrada:

Figura 7.4 | Janela com grade de posição.

A seguir, apresentamos o código-fonte completo:

```
from tkinter import *

def mostrar_texto():
  valor = entrada.get()
  labelsaida['text'] = valor


janela = Tk()
janela.title("Aplicação em Tkinter")
janela.geometry("300x70")

frame = Frame(master=janela)
frame.pack()

labelentrada = Label(master=frame, text="Digite um número:")
labelentrada.grid(row=0, column=0)

entrada=Entry(master=frame,width=10)
entrada.grid(row=0, column=1)

botao = Button(master=frame, text="Mostrar",command=mostrar_texto)
botao.grid(row=1, column=0)

labelsaida = Label(master=frame)
labelsaida.grid(row=2, column=0)

janela.mainloop()
```

7.2 CONTROLE DO LED ATRAVÉS DA INTERFACE GRÁFICA

Este exemplo utilizará os componentes de interface gráfica para interagir com a placa Arduino. Para isso, criaremos dois botões, nos quais um deles será responsável por acender o LED enquanto o outro o apagará.

MATERIAL NECESSÁRIO

- 1 Arduino.
- 1 resistor de 220 ohms (vermelho, vermelho, marrom) ou de 330 ohms (laranja, laranja, marrom).
- 1 LED (qualquer cor).
- 1 protoboard.
- Cabos de ligação.

Após obter o material necessário, realize a montagem conforme mostrada na Figura 7.5:

Figura 7.5 | Conexões.

Cada um dos botões chamará uma função, sendo que a *acender* será responsável por ligar o LED, escrevendo o valor 1 no pino 13 e a *apagar* o desligará com o valor 0 no pino. A Figura 7.6 mostra a interface desse sistema:

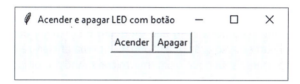

Figura 7.6 | Janela do programa.

A seguir apresentamos o código-fonte completo do programa desenvolvido:

```
from pyfirmata import Arduino, OUTPUT
from tkinter import *

# Especifique a Porta Serial onde o Arduino
# está conectado, por exemplo, COM3
PORTA = 'especificar_porta_serial'

arduino = Arduino(PORTA)
arduino.digital[13].mode = OUTPUT

def acender():
    arduino.digital[13].write(1)

def apagar():
    arduino.digital[13].write(0)

janela = Tk()
janela.title("Acender e apagar LED com botão")
janela.geometry("350x60")

frame = Frame(master=janela)
frame.pack()
```

```
botaoacende = Button(master=frame, text="Acender",command=acender)
botaoacende.grid(row=0, column=0)

botaoapaga = Button(master=frame, text="Apagar",command=apagar)
botaoapaga.grid(row=0, column=1)

janela.mainloop()
```

Algumas vezes, para organizar melhor o projeto de um programa, devemos modularizá-lo a partir do emprego de funções. Estas são responsáveis por ações que nem sempre serão únicas e dependem dos parâmetros passados para elas. Agora, alteraremos o exemplo anterior para termos apenas uma função de controle do acender e apagar do LED, dependendo do valor passado ao pressionar o botão.

Assim, criaremos a função controle, que terá como um parâmetro de entrada ou valor, que, ao pressionar o botão *Acender*, receberá o valor 1 e, ao pressionar o *Apagar*, o valor 0. A função controle ficará como mostrado a seguir:

```
def controle(valor):
  arduino.digital[13].write(valor)
```

Teremos que alterar também como chamamos a função ao pressionar os botões na interface gráfica. A intenção deste livro não é discutir de maneira aprofundada algumas questões que envolvem essa solução, mas apenas para maior clareza de interpretação do exemplo, sendo importante saber que o parâmetro **command** do componente botão passe por uma adaptação. Esse parâmetro evoca uma ação que, em nosso caso, corresponde às funções (chamando apenas pelo nome da mesma), para que algo seja feito. Nessa chamada de função no **command**, não é permitido simplesmente passar um valor para o parâmetro de entrada, como **controle(1)**.

Para resolver isso, devemos utilizar um recurso em Python chamado função lambda. Em resumo, não precisa de uma definição como as funções normais (usando a declaração **def** e criando um bloco de códigos), podendo ser declaradas em um única linha e executadas no momento da declaração.

Com isso, utilizaremos esse conceito para, ao executar o **command** do botão pressionado, seja criada uma função **lambda**, que tem como objetivo chamar a função controle, passando o valor do parâmetro. Utilizamos a palavra lambda, seguida de dois pontos (:) e depois chamamos a função controle, passando o seu valor. A seguir, temos o exemplo de como fica o código referente ao botão acender:

```
botaoliga = Button(master=frame,
text="Acender",command=lambda:controle(1))
```

Visualmente, em nada muda o nosso projeto em relação ao anterior. Segue o código completo após as alterações:

```
from pyfirmata import Arduino, OUTPUT
from tkinter import *

# Especifique a Porta Serial onde o Arduino
# está conectado, por exemplo, COM3
PORTA = 'especificar_porta_serial'

arduino = Arduino(PORTA)
arduino.digital[13].mode = OUTPUT

def controle(valor):
  arduino.digital[13].write(valor)

janela = Tk()
janela.title("Acender e apagar LED com botão")
janela.geometry("350x60")

frame = Frame(master=janela)
frame.pack()

botaoacende = Button(master=frame,
text="Acender",command=lambda:controle(1))
botaoacende.grid(row=0, column=0)

botaoapaga = Button(master=frame,
text="Apagar",command=lambda:controle(0))
botaoapaga.grid(row=0, column=1)

janela.mainloop()
```

7.3 CONTROLE DE LUMINOSIDADE DE UM LED

Neste projeto usaremos, o slider para controlar a intensidade luminosa de nosso LED, conectado ao pino 10. Poderíamos utilizar qualquer um dos pinos digitais que são habilitados com PWM, aqueles que possuem o til (~) na frente do número. Esse componente de interface gráfica pode ser útil para controlar a escrita de valores em atuadores como, por exemplo, pode-se criar um **slider** que defina o ângulo de um servomotor, variando de 0 a 180 graus.

MATERIAL NECESSÁRIO

- 1 Arduino.
- 1 resistor de 220 ohms (vermelho, vermelho, marrom) ou de 330 ohms (laranja, laranja, marrom).
- 1 LED (qualquer cor).
- 1 protoboard.
- Cabos de ligação.

Após obter o material necessário, realize a montagem conforme mostrada na Figura 7.7:

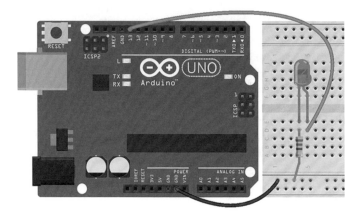

Figura 7.7 | Conexões.

Neste projeto, especificaremos alguns parâmetros no componente **slider**, além dos já utilizados em outros widgets, tais como **master** e **command**. Desta maneira, temos os seguintes parâmetros utilizados neste exemplo:

- **length:** define o tamanho da barra em pixels, cujo tamanho padrão é 100 na ausência de alguma orientação;
- **from_:** valor inicial do intervalo;
- **to:** valor final do intervalo;
- **orient:** orientação da barra, que pode ser horizontal ou vertical.

Em nosso **slider**, definimos o tamanho da barra em 300 pixels, onde o seu intervalo de valor entre 0 e 100 corresponderá à intensidade do LED e a sua orientação será horizontal. A Figura 7.8 mostra a interface do projeto:

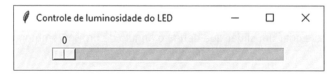

Figura 7.8 | Interface do projeto.

É importante notar que escrevemos um valor no pino digital 10 que variará entre 0 e 1, sendo que o valor resultante do **slider** (de 0 a 100) será dividido por 100. Por exemplo, se o valor do **slider** for 50, escreveremos 0,5 e indicaremos uma intensidade em 50% da luminosidade total.

Igualmente, nota-se que o próprio componente **slider** passa o valor resultante de sua interação como parâmetro para a função controle, sendo atribuído em intensidade. A seguir, temos a programação completa:

```
from pyfirmata import Arduino, PWM
from tkinter import *

# Especifique a Porta Serial onde o Arduino
# está conectado, por exemplo, COM3
PORTA = 'especificar_porta_serial'

arduino = Arduino(PORTA)
arduino.digital[10].mode = PWM

def controle (intensidade):
    arduino.digital[10].write(int(intensidade)/100)
    print(intensidade)

janela = Tk()
janela.title("Controle de luminosidade do LED")
janela.geometry("400x50")

frame = Frame(master=janela)
frame.pack()

slider = Scale(master = frame, length = 300, from_= 0, to = 100, orient
= HORIZONTAL, command = controle)
slider.grid(row=0, column=0)

janela.mainloop()
```

7.4 USO DE IMAGENS EM INTERFACE GRÁFICA

Em nosso próximo projeto, veremos como utilizar uma imagem para trazer informações à interface. Esta é uma função comum em softwares que monitoram e controlam sistemas automatizados, igualmente conhecidos como supervisórios, que se utilizam de imagens para mostrar de maneira mais precisa as informações desejadas. Neste projeto, mostraremos o status de um LED, mudando para ligado ou desligado.

MATERIAL NECESSÁRIO

- 1 Arduino.
- 1 chave tátil (*push button*).
- 1 resistor de 220 ohms (vermelho, vermelho, marrom) ou de 330 ohms (laranja, laranja, marrom).
- 1 resistor de 10k ohms (marrom, preto, laranja).
- 1 LED (qualquer cor).
- 1 protoboard.
- Cabos de ligação.

Realize a montagem dos componentes da maneira indicada pela Figura 7.9.

Figura 7.9 | Conexões.

Agora, usaremos duas imagens distintas para representar o LED, uma informando que ele está desligado (led-off.png)[1] e outra o representando ligado (led-on.png).[2] Para manipular essas imagens, utilizaremos uma biblioteca específica, a *Python Imaging Library* (PIL).

Utilizaremos as classes Image e ImageTK através desta biblioteca, bastando abrir a imagem e a atribuir ao objeto ler para, na função **Image.open()**, colocarmos o seu caminho dentro do diretório. Ademais, caso esteja dentro do diretório do código-fonte, é preciso apenas colocar o nome da imagem e sua extensão, tal como vemos no código a seguir:

```
ler = Image.open("led-off.png")
```

Uma vez aberto o arquivo, temos que renderizá-lo para podermos usar em um **widget label**. O objeto *render* é formado a partir do "ImageTk.PhotoImage()", que receberá como parâmetro a imagem que foi aberta. Com isso, é feito um processamento digital da imagem, tornando-a adequada para o uso na **label**. Vemos o código a seguir realizando esse processo:

```
ler = Image.open("led-off.png")
```

A Figura 7.10 mostra nossa interface no estado inicial, com o LED apagado:

---

1 Imagem disponível em: <http://www.clker.com/clipart-led-off.html>. Acesso em: 16 mar. 2020.
2 Imagem disponível em: <http://www.clker.com/clipart-led-on.html>. Acesso em: 16 mar. 2020.

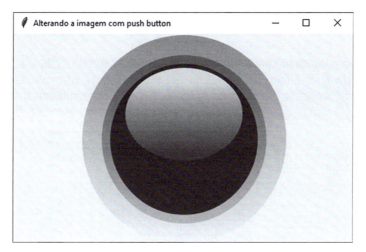

Figura 7.10 | Mostrando o LED apagado.

Por sua vez, a Figura 7.11 exibe a mesma interface, mas com o LED aceso:

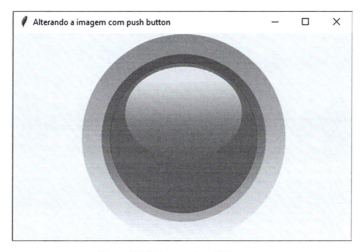

Figura 7.11 | Mostrando o LED aceso.

Em nosso objeto janela utilizaremos algumas funções novas, como a **protocol** serve para manipular algumas ações. Neste projeto, usamos também o parâmetro WM_DELETE_WINDOW, que indica o pressionar do botão de fechar (o 'x' no canto superior esquerdo) da nossa janela. Ao pressionar, utilizamos a função "*destroy*" para encerrar a execução de nossa interface.

Outra função nova e importante é a **after**, que executa uma chamada de função de tempo em tempo, conforme a necessidade. Aqui a definimos como **trocaImagem()** e queremos que seja chamada a cada 100 milissegundos, como mostra o seguinte trecho de código-fonte:

```
janela.after(100,trocaImagem)
```

Esse tempo é suficiente para verificar se alguém está pressionando o botão, e esse processo de chamada é feito também dentro da própria função, para que fique constantemente sendo verificado o pressionar do botão. A seguir, apresentamos o código-fonte completo da aplicação:

```
from pyfirmata import Arduino, util, OUTPUT, INPUT
from tkinter import *
from PIL import Image, ImageTk

# Especifique a Porta Serial onde o Arduino
# está conectado, por exemplo, COM3
PORTA = 'especificar_porta_serial'

arduino = Arduino(PORTA)
arduino.digital[13].mode = OUTPUT
arduino.digital[2].mode = INPUT

it = util.Iterator(arduino)
it.start()

janela = Tk()
janela.title("Alterando a imagem com push button")
janela.geometry("500x300")

frame = Frame(master=janela)
frame.pack()

def troca_imagem():
  valor = arduino.digital[2].read()
  arduino.digital[13].write(valor)
  if valor == True:
    ler = Image.open("led-on.png")
    render = ImageTk.PhotoImage(ler)
    img = Label(janela, image=render)
    img.image = render
    img.place(x=100,y=0)
  else:
    ler = Image.open("led-off.png")
    render = ImageTk.PhotoImage(ler)
    img = Label(janela, image=render)
    img.image = render
    img.place(x=100,y=0)
  janela.after(100,troca_imagem)

janela.protocol('WM_DELETE_WINDOW', janela.destroy)
janela.after(100,troca_imagem)
janela.mainloop()
```

7.5 SENSOR DE TEMPERATURA

Para este projeto, utilizaremos um componente gráfico comum para indicar o andamento de alguma ação que está ocorrendo no sistema, que é a barra de progresso, ou *progress bar*. Pórem, ela não será usada especificamente para esse fim, mas, sim, para exibir uma barra que mudará de tamanho e cor, indicando em tempo real a temperatura ambiente obtida através de um sensor.

Adotaremos como base o projeto já apresentado neste livro, que utiliza o sensor de temperatura e a sua respectiva visualização em graus Celsius.

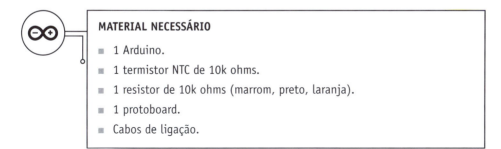

MATERIAL NECESSÁRIO

- 1 Arduino.
- 1 termistor NTC de 10k ohms.
- 1 resistor de 10k ohms (marrom, preto, laranja).
- 1 protoboard.
- Cabos de ligação.

Na Figura 7.12, temos a montagem do circuito eletrônico:

Figura 7.12 | Conexões.

O *widget progressbar* é relativamente novo na biblioteca Tkinter, e possui várias configurações, tais como tamanho, estilo e cor da barra, orientação horizontal ou vertical etc. Mais especificamente, esse componente pertence ao grupo ttk (Tkinter themed widget),[3] e por isso temos que importar esse conjunto, como mostrado a seguir:

```
from tkinter import ttk
```

Para criar a nossa barra de progresso como se fosse um mostrador da temperatura, usaremos a orientação vertical. O trecho do programa a seguir demonstra a sua criação:

---

3   Para conhecer mais sobre o ttk, acesse: <https://docs.python.org/3/library/tkinter.ttk.html>.

```
progressbar = ttk.Progressbar(frame, style='color.Horizontal.
TProgressbar', orient="vertical",length=220,mode="determinate")
```

Criaremos também duas funções: uma para converter a leitura do sensor em graus Celsius e outra para exibir a sua temperatura. A função que mostra a temperatura utilizará um componente **label** para realizar a exibição já convertida em graus Celsius e a barra de progresso, por sua vez, variará de tamanho e cor, conforme a temperatura obtida por meio dos sensores.

No trecho de código-fonte apresentado a seguir, temos o desenvolvimento das duas funções:

```
def obter_temp_celsius (valor):
   tempK = log(10000.0 * (1.0 / valor - 1))
   tempK = 1 / (0.001129148 + (0.000234125 + (0.0000000876741 * tempK *
tempK )) * tempK)
   tempC = tempK - 273.15
   return tempC

def mostra_temp():
   valor = str(arduino.analog[0].read())
   if valor != 'None':
     valor = float(valor)
     tempC = obter_temp_celsius(valor)
     if tempC >= 30.0:
      estilo.configure(
        "color.Horizontal.TProgressbar",
        background='red')
     elif tempC > 20 and tempC < 30:
        estilo.configure(
          "color.Horizontal.TProgressbar",
          background='orange')
     else:
        estilo.configure(
          "color.Horizontal.TProgressbar",
          background='blue')
     temperatura.set(str(round(tempC,1)) + '°C')
     progressbar["value"]=tempC
     janela.after(500, mostra_temp)
```

Observe que foi utilizado um objeto do tipo **style** (estilo), igualmente do conjunto ttk, que possibilita a mudança das configurações de estilos da barra de progresso. A seguir, destacamos a declaração do objeto:

```
estilo = ttk.Style()
estilo.theme_use('default')
```

98   Projetos com Python e Arduino

Note também que usaremos três cores que serão selecionadas em tempo real, conforme o valor obtido pelo sensor a fim de definir a escala de temperatura. A cor vermelha indicará uma temperatura elevada (acima dos 30 °C), conforme vemos na Figura 7.13:

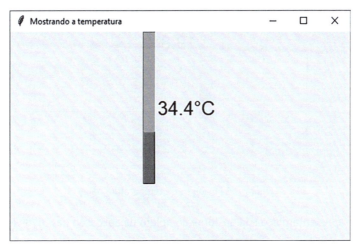

Figura 7.13 | Exibição de temperatura elevada.

Por sua vez, a cor laranja será usada para representar uma temperatura amena, ou seja, compreendida entre 20 e 30 °C (Figura 7.14):

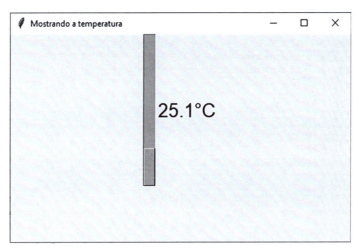

Figura 7.14 | Exibição de temperatura amena.

Concluindo o exemplo, a cor azul representará a temperatura mais baixa (abaixo de 20 °C), conforme ilustra a Figura 7.15:

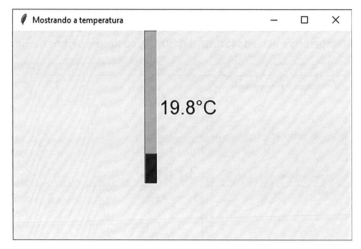

Figura 7.15 | Exibição de temperatura baixa.

A seguir, apresentamos o código-fonte completo da aplicação desenvolvida:

```python
from pyfirmata import Arduino, util
from math import log
from tkinter import *
from tkinter import ttk

# Especifique a Porta Serial onde o Arduino
# está conectado, por exemplo, COM3
PORTA = 'especificar_porta_serial'

arduino = Arduino(PORTA)
it = util.Iterator(arduino)
it.start()

arduino.analog[0].enable_reporting()

janela = Tk()
janela.title("Mostrando a temperatura")
janela.geometry("500x300")

frame = Frame(master=janela)
frame.pack()

estilo = ttk.Style()
estilo.theme_use('default')

temperatura = StringVar()

def obter_temp_celsius (valor):
    tempK = log(10000.0 * (1.0 / valor - 1))
    tempK = 1 / (0.001129148 + (0.000234125 + (0.0000000876741 * tempK * tempK )) * tempK)
    tempC = tempK - 273.15
    return tempC

def mostra_temp():
    valor = str(arduino.analog[0].read())
```

```python
  if valor != 'None':
    valor = float(valor)
    tempC = obter_temp_celsius(valor)
    if tempC >= 30.0:
      estilo.configure(
        "color.Horizontal.TProgressbar",
        background='red')
    elif tempC > 20 and tempC < 30:
      estilo.configure(
        "color.Horizontal.TProgressbar",
        background='orange')
    else:
      estilo.configure(
        "color.Horizontal.TProgressbar",
        background='blue')
    temperatura.set(str(round(tempC,1)) + '°C')
    progressbar["value"]=tempC
    janela.after(500, mostra_temp)

progressbar = ttk.Progressbar(frame, style='color.Horizontal.
TProgressbar', orient="vertical",length=220,mode="determinate")
progressbar.grid(row=0, column=0)

label=Label(frame, textvariable=temperatura, font=("Helvetica", 20))
label.grid(row=0, column=1)

janela.protocol('WM_DELETE_WINDOW', janela.destroy)
janela.after(500,mostra_temp)
janela.mainloop()
```

PRÁTICA

1. Adotando como referência o primeiro exemplo deste capítulo, que altera o texto ao pressionarmos o botão, realize as modificações necessárias para que se altere também a cor do texto.
2. Considerando como referência o exemplo que permite ao usuário digitar um valor na interface gráfica e depois exibi-lo ao pressionar um botão, crie mais um que, ao ser pressionado, apague o texto que foi digitado.
3. Elabore um projeto que permita controlar 2 LED de modo independente, através de botões.
4. Adotando como referência o projeto "Controle de luminosidade de um LED", acrescente mais um componente "scale" e mais um LED, que terá sua luminosidade controlada por este novo componente.
5. Altere o projeto "Sensor de temperatura", para exibir a luminosidade local, usando um sensor LDR.

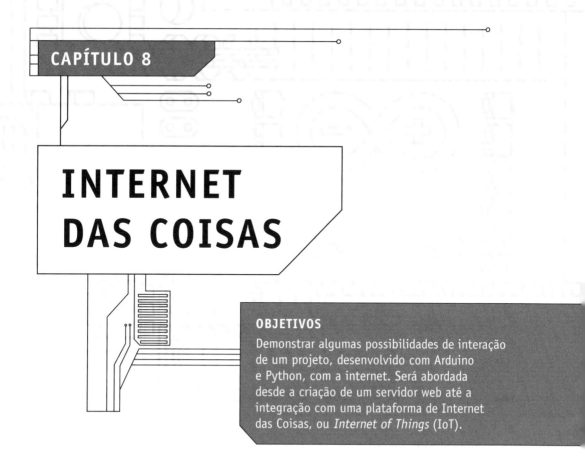

CAPÍTULO 8

INTERNET DAS COISAS

OBJETIVOS

Demonstrar algumas possibilidades de interação de um projeto, desenvolvido com Arduino e Python, com a internet. Será abordada desde a criação de um servidor web até a integração com uma plataforma de Internet das Coisas, ou *Internet of Things* (IoT).

Atualmente, a internet está totalmente inserida na vida das pessoas. Podemos consultar as notícias mais recentes, interagir com colegas pelas redes sociais, monitorar e realizar tarefas remotamente etc.

Explorando este conceito, podemos usar Python e Arduino no desenvolvimento de aplicações web que nos permitirão, por exemplo, controlar o acendimento das luzes de sua residência, a temperatura de um determinado cômodo ou monitorar a abertura de portas e janelas.

8.1 INSTALAÇÃO DO FLASK

Em Python, temos um framework chamado Flask, que facilita a construção de um servidor web que, por sua vez, poderá interagir com um Arduino através do PyFirmata. Para criar os projetos descritos neste capítulo, adotaremos o instalador de pacotes PIP para utilizar o Flask em seu computador. Assim, acesse o prompt de comandos do seu sistema operacional e digite:

```
pip install flask
```

Após a instalação, crie o seguinte programa para certificar-se de que o Flask está funcionando corretamente:

```
from flask import Flask

app = Flask(__name__)

@app.route('/')
def inicio():
    return '<h1>Olá Pessoal!</h1>'

if __name__ == '__main__':
    app.run(debug=True)
```

Grave o programa com o nome "flask-1.py" e execute-o através da linha de comando do sistema operacional, de acordo com o exemplo:

```
python flask-1.py
```

Conforme podemos notar na Figura 8.1, o servidor entrará em execução e aguardará a conexão do cliente:

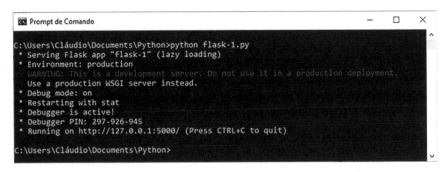

Figura 8.1 | Execução do servidor implementado com o Flask.

Agora, abra um navegador de internet e acesse o endereço: <http://localhost:5000>, onde uma página com a mensagem "Olá Pessoal!" deverá ser mostrada (Figura 8.2):

Figura 8.2 | Página exibida no navegador.

8.2 FORMULÁRIOS

Os formulários são elementos essenciais para possibilitar a interação entre o usuário e as páginas web. No programa a seguir, utilizaremos o Flask para implementar um site que permitirá o cálculo da idade de uma pessoa a partir do ano de nascimento – que será digitado em um campo do formulário (Figura 8.3):

Figura 8.3 | Formulário.

Após o usuário digitar o ano de nascimento e pressionar o botão *Calcular*, os dados do formulário serão enviados por meio do método POST e, em seguida, processados, sendo que o resultado será mostrado na nova página, conforme ilustra a Figura 8.4:

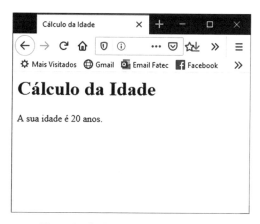

Figura 8.4 | Página com o resultado.

No código-fonte a seguir, apresentamos o programa desenvolvido:

```python
from flask import Flask, request
from datetime import date

app = Flask(__name__)

pagina = """
  <html>
    <head>
      <title>{titulo}</title>
    </head>
    <body>
      <h1>{titulo}</h1>
      {corpo}
    </body>
  </html>"""

@app.route('/')
def inicio():
  corpo = """
    <form method='post' action='/idade'>
      Digite seu ano de nascimento:<br />
      <input type='text' name='ano_nasc' />
      <br><br>
      <input type='submit' value='Calcular' />
    </form>
    """
  return pagina.format(titulo="Idade", corpo=corpo)

@app.route('/idade', methods=["POST"])
def idade():
  ano_nasc = int(request.form['ano_nasc'])
  ano_atual = int(date.today().year)
  idade = ano_atual - ano_nasc
  corpo = "A sua idade é " + str(idade) + " anos."
  return pagina.format(titulo="Cálculo da Idade", corpo=corpo)

if __name__ == '__main__':
  app.run(debug=True)
```

8.3 CONTROLE DO LED ATRAVÉS DA INTERNET

O objetivo deste projeto será criar um servidor web que implementará uma página HTML por meio da qual o usuário poderá controlar o funcionamento de um LED.

MATERIAL NECESSÁRIO

- 1 Arduino.
- 1 resistor de 220 ohms (vermelho, vermelho, marrom) ou de 330 ohms (laranja, laranja, marrom).
- 1 LED (qualquer cor).
- 1 protoboard.
- Cabos de ligação.

Após obter o material necessário, realize a montagem conforme mostrada na Figura 8.5:

Figura 8.5 | Conexões.

Este projeto será composto por dois arquivos de código-fonte em Python, cujo primeiro deles, mostrado a seguir, implementará uma classe **singleton** para o objeto Arduino. Isso se faz necessário pois em um servidor web são criadas diferentes instâncias para as diversas conexões, porém, fisicamente, existe apenas um Arduino, como vemos a seguir:

```
import pyfirmata

# Especifique a Porta Serial onde o Arduino
# está conectado, por exemplo, COM3
PORTA = 'especificar_porta_serial'

def singleton(cls):
  instances = {}
  def getinstance():
    if cls not in instances:
      instances[cls] = cls()
    return instances[cls]
  return getinstance

@singleton
class Arduino(object):
  def __init__(self, port=None):
    self.board = pyfirmata.Arduino(PORTA)

  def digitalWrite(self, pin, value):
    self.board.digital[pin].mode = pyfirmata.OUTPUT
    self.board.digital[pin].write(value)
```

O código-fonte a seguir implementará o servidor web que, conforme a requisição recebida do navegador, ligará ou desligará o LED:

```python
from arduino import Arduino
from flask import Flask, render_template
import datetime

LED = 13
estado = {'led' : False}

app = Flask(__name__)

@app.route('/')
def inicio():
  return mostra_estado()

@app.route('/led/1')
def ligar_led():
  arduino = Arduino()
  arduino.digitalWrite(LED, 1)
  estado['led'] = True
  return mostra_estado()

@app.route('/led/0')
def desl_led():
  arduino = Arduino()
  arduino.digitalWrite(LED, 0)
  estado['led'] = False
  return mostra_estado()

def mostra_estado():
  return render_template('controle-led-bootstrap.html', **estado)

if __name__ == "__main__":
  app.run(host='0.0.0.0', debug=True)
```

Na sequência, passamos para o desenvolvimento da página HTML, que será mostrada no navegador e conterá os botões que controlarão os LED. Crie uma pasta chamada "templates" no mesmo local onde o programa Python foi gravado. Então, dentro da pasta criada, implemente o arquivo "controle-led.html", mostrado a seguir:

```html
<!DOCTYPE html>
<html lang="en">
  <head>
    <title>Controle do LED</title>
  </head>
  <body>
    <h2>Controle do LED</h2>
    O LED está
    {% if led %}
      ligado.
      <button type="button"
      onclick="window.location.href='/led/0';">
      Desligar</button>
    {% else %}
      desligado.
      <button type="button"
      onclick="window.location.href='/led/1';">
      Ligar</button>
    {% endif %}
  </body>
</html>
```

Agora, execute o programa Python e, em seguida, acesse o servidor através do endereço: <http://localhost:5000>. No navegador, deverá ser carregada uma página similar à mostrada na Figura 8.6:

Figura 8.6 | Exibição da página.

Na página HTML apresentada a seguir, aplicaremos os recursos do Bootstrap para criarmos uma página que seja responsiva, além de apresentar uma aparência mais sofisticada e agradável para o usuário. Observe que as funcionalidades da página são as mesmas da criada anteriormente, apenas mudando a sua exibição:

```html
<!DOCTYPE html>
<html lang="en">
  <head>
    <meta charset="utf-8">
    <meta http-equiv="X-UA-Compatible" content="IE=edge">
    <meta name="viewport" content="width=device-width, initial-scale=1">
    <title>Controle do LED</title>
    <link rel="stylesheet" href="https://maxcdn.bootstrapcdn.com/bootstrap/4.0.0-beta/css/bootstrap.min.css">
        <script src="https://code.jquery.com/jquery-3.2.1.slim.min.js"></script>
    <script src="https://cdnjs.cloudflare.com/ajax/libs/popper.js/1.11.0/umd/popper.min.js"></script>
    <script src="https://maxcdn.bootstrapcdn.com/bootstrap/4.0.0-beta/js/bootstrap.min.js"></script>
  </head>

  <body role="document">
    <div class="container theme-showcase" role="main">
      <br>
      <div class="jumbotron">
        <p>Controle do LED</p>
        <div class="row">
          <div class="col-md-6">
            <table class="table table-bordered">
              <tbody>
                <tr>
                  <td><b>LED</b></td>
                  <td>
                    <div class="btn-group" role="led" aria-label="...">
                      {% if led %}
```

CAPÍTULO 8 | Internet das Coisas 109

```
                    <button type="button" class="btn btn-success" onclick="window.location.href='/led/1';">Ligado </button>
                    <button type="button" class="btn btn-default" onclick="window.location.href='/led/0';">Desligar </button>
                    {% else %}
                    <button type="button" class="btn btn-default" onclick="window.location.href='/led/1';">Ligar </button>
                    <button type="button" class="btn btn-danger" onclick="window.location.href='/led/0';"> Desligado</button>
                    {% endif %}
                </div>
            </td>
        </tr>
    </tbody>
</table>
        </div>
      </div>
    </div>
  </body>
</html>
```

Execute o programa Python e acesse o servidor através do endereço indicado pelo próprio programa. No navegador, deverá ser carregada uma página similar à mostrada na Figura 8.7:

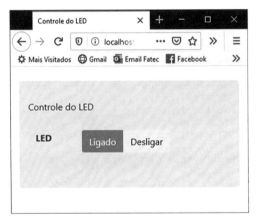

Figura 8.7 | Página com Bootstrap.

8.4 TEMPERATURA WEB

Os dados obtidos de sensores podem ser exibidos em uma página web, e, neste projeto, mostraremos os passos necessários para obter a temperatura de um termistor e colocá-la em uma página HTML, que será atualizada dinamicamente.

MATERIAL NECESSÁRIO

- 1 Arduino.
- 1 termistor NTC de 10k ohms.
- 1 resistor de 10k ohms (marrom, preto, laranja).
- 1 protoboard.
- Cabos de ligação.

Na Figura 8.8, temos a montagem do circuito eletrônico:

Figura 8.8 | Conexões.

Assim, podemos implementar a página HTML que exibirá a temperatura – observe o uso do elemento **span**, pois é ele que a receberá.

```
<!DOCTYPE html>
<html>
  <head>
    <title>Temperatura</title>
    <meta charset="UTF-8">
    <meta name="viewport" content="width=device-width,
initial-scale=1.0">
    <link rel="stylesheet" href="https://stackpath.bootstrapcdn.com/
bootstrap/4.3.1/css/bootstrap.min.css">
    <script src="https://ajax.googleapis.com/ajax/libs/jquery/3.2.1/
jquery.min.js"></script>
    <script src="https://cdnjs.cloudflare.com/ajax/libs/popper.js/1.14.6/
umd/popper.min.js"></script>
    <script src="https://stackpath.bootstrapcdn.com/bootstrap/4.2.1/js/
bootstrap.min.js"></script>
  </head>
  <body>
    <div class="container">
      <div class="jumbotron">
        <h1>Temperatura</h1>
      </div>
```

```
    <h1>
        <img src="static/images/termometro.png" align="middle">
        <span id="temperatura">{{ temperatura }} </span>°C
    </h1>
    </div>
  </body>
</html>
```

Grave o arquivo criado dentro da pasta *Templates* com o nome "temperatura.html". Em seguida, criaremos os arquivos de código-fonte em Python e, assim como no exemplo anterior, o primeiro arquivo implementará uma classe **singleton** para o Arduino:

```
import pyfirmata

# Especifique a Porta Serial onde o Arduino
# está conectado, por exemplo, COM3
PORTA = 'especificar_porta_serial'

def singleton(cls):
  instances = {}
  def getinstance():
    if cls not in instances:
      instances[cls] = cls()
    return instances[cls]
  return getinstance

@singleton
class Arduino(object):
  def __init__(self, port=None):
    self.board = pyfirmata.Arduino(PORTA)

  def analogRead(self, pin):
    it = pyfirmata.util.Iterator(self.board)
    it.start()
    self.board.analog[pin].enable_reporting()
    valor = 'None'
    while valor == 'None':
      valor = str(self.board.analog[pin].read())
    return float(valor)
```

Já o código-fonte a seguir implementará o servidor web e também obterá a temperatura:

```
from flask import Flask, render_template
from arduino import Arduino
from math import log
import datetime

def obter_temp_celsius (valor):
  tempK = log(10000.0 * (1.0 / valor - 1))
  tempK = 1 / (0.001129148 + (0.000234125 + (0.0000000876741 * tempK *
tempK )) * tempK)
  tempC = tempK - 273.15
  return tempC

dado = {'temperatura' : 0}
```

```
app = Flask(__name__)

@app.route('/')
def inicio():
  arduino = Arduino()
  valor = arduino.analogRead(0)
  print (valor)
  if valor >= 0.0 and valor <= 1.0:
    dado['temperatura'] = round(obter_temp_celsius(valor), 1)
  else:
    dado['temperatura'] = '...'
  return render_template('temperatura.html', **dado)

if __name__ == '__main__':
  app.run(debug=True)
```

Observe, que quando o navegador realiza a requisição da página raiz do site para o servidor Flask, obtemos a temperatura e a função **render_template** será usada para carregar a página HTML, com o valor da temperatura já devidamente carregado, conforme vemos na Figura 8.9:

Figura 8.9 | Exibição da temperatura.

8.5 THINGSPEAK: PLATAFORMA PARA APLICAÇÕES IOT

A ThingSpeak é uma plataforma popular e gratuita para a IoT, pois recebe dados de sensores, realiza o armazenamento em nuvem e provê gráficos e análises estatísticas. Apresenta também um mecanismo que permite reagir, ou seja, realizar uma ação a partir de determinadas situações que podem ser identificadas de acordo com a análise dos dados.

Acesse o site ThingSpeak em <https://thingspeak.com> e crie uma conta gratuita. Em seguida, para armazenarmos os dados na plataforma, devemos criar um canal, selecionar o item do menu *Canais*, depois selecionar *Meus Canais* e clicar no botão *New Channel*, conforme vemos na Figura 8.10:

Figura 8.10 | Criação de um canal.

Conforme ilustra a Figura 8.11, especifique um nome para o canal e o campo que será armazenado que, nesse exemplo, será "Temperatura". Após preencher os dados, vá até o final da página e clique no botão *Save Channel* para criar o canal:

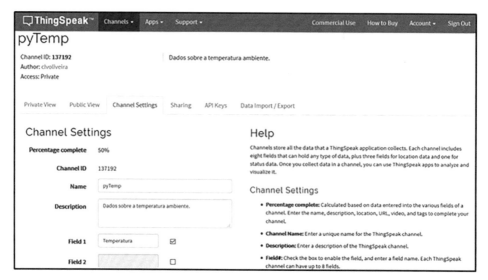

Figura 8.11 | Configuração do canal.

Na sequência, criaremos o projeto que obterá o dado do sensor de temperatura e enviará para o canal.

8.6 MONITOR DE TEMPERATURA

Neste projeto, será desenvolvida uma aplicação de IoT utilizando o Arduino e a linguagem de programação Python. O programa criado deverá realizar o envio do dado coletado pelo sensor para a plataforma ThingSpeak, que será responsável pelo seu armazenamento.

MATERIAL NECESSÁRIO

- 1 Arduino.
- 1 termistor NTC de 10k ohms.
- 1 resistor de 10k ohms (marrom, preto, laranja).
- 1 protoboard.
- Cabos de ligação.

Na Figura 8.12, temos a montagem do circuito eletrônico:

Figura 8.12 | Conexões.

No programa que mostramos a seguir, o valor do termistor será obtido através da entrada analógica 0 do Arduino que, utilizando a função **obter_temp_celsius**, o converterá para Kelvin e por fim para graus Celsius:

```
import http.client
from pyfirmata import Arduino, util
from math import log

def obter_temp_celsius (valor):
  tempK = log(10000.0 * (1.0 / valor - 1))
  tempK = 1 / (0.001129148 + (0.000234125 + (0.0000000876741 * tempK *
tempK )) * tempK)
  tempC = tempK - 273.15
  return tempC

CHAVE = 'especificar_chave'
SERVIDOR = 'api.thingspeak.com'
# Especifique a Porta Serial onde o Arduino
# está conectado, por exemplo, COM3
PORTA = 'especificar_porta_serial'

arduino = Arduino(PORTA)
it = util.Iterator(arduino)
it.start()
```

```
termistor = arduino.get_pin('a:0:i')
termistor.enable_reporting()

while True:
    valor = str(termistor.read())
    if valor != 'None':
        temp = round(obter_temp_celsius(float(valor)), 1)
        print (temp, '°C')
        url = '/update?api_key=' + CHAVE + '&field1=' + str(temp)
        print(url)
        con = http.client.HTTPSConnection(SERVIDOR)
        con.request('GET', url)
        resp = con.getresponse()
        print(resp.status, resp.reason)
        arduino.pass_time(60.0)
```

Note também no código-fonte que o primeiro passo após importar as bibliotecas que serão usadas consiste em obter o endereço e a chave para o envio dos dados ao canal criado na ThingSpeak. Acesse o canal criado e selecione a aba *Chaves*. Como mostra a Figura 8.13, a chave será exibida, assim como a API Request que deve ser realizada para atualizar os dados do canal. Atribua os dados obtidos às variáveis "chave" e "servidor", como vemos:

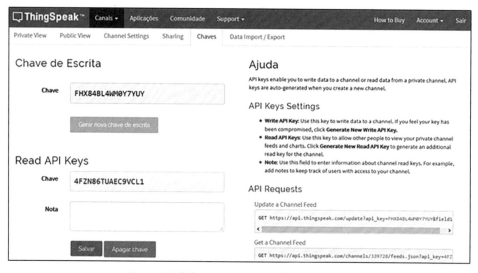

Figura 8.13 | Chaves e exemplos de requisições.

Na sequência, será realizada a conexão com o servidor e envio dos dados através de uma requisição GET, com a leitura repetida a cada 1 minuto (60 segundos) através do método pass_time.

Observe na Figura 8.14 que podemos usar a visão do canal, disponível na plataforma ThingSpeak, para conferir um gráfico construído com os dados armazenados:

Figura 8.14 | Gráfico com os dados do canal.

PRÁTICA

1. Acrescente ao projeto "Controle do LED através da internet" mais um LED e o seu respectivo resistor. Depois, altere a página HTML e o programa Python de modo que o usuário possa controlar os LED individualmente.

2. Altere o projeto "Temperatura web" para que seja possível exibir a temperatura obtida do sensor em graus Celsius, Fahrenheit e Kelvin.

3. Adotando como referência os projetos "Iluminação automática" e "Temperatura web", elabore uma aplicação que mostre em uma página web uma figura da Lua caso o valor do sensor de luz (LDR) seja menor que 0,5 e, caso contrário, uma figura do Sol.

4. Adotando como referência os projetos "Mistura de cores" e "Controle do LED através da internet", crie uma página web que possua três botões (vermelho, verde e azul) que deverão ligar ou desligar as respectivas cores no LED RGB.

5. Acrescente ao projeto "Monitor de temperatura" um novo campo ao canal para armazenar a temperatura em graus Fahrenheit.

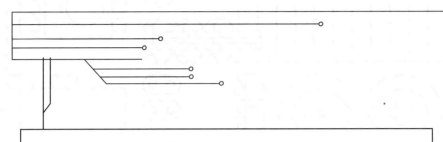

REFERÊNCIAS BIBLIOGRÁFICAS

ARDUINO. **Language reference**. [on-line]. Disponível em: <https://www.arduino.cc/reference/en>. Acesso em: 9 ago. 2018.

OLIVEIRA, C.; LÜHMANN, A. **Aprenda lógica de programação e algoritmos com implementações em Portugol, Scratch, C, Java, C# e Python**. Rio de Janeiro: Ciência Moderna, 2016.

OLIVEIRA, C.; ZANETTI, H. **Arduino descomplicado**: aprenda com projetos de eletrônica e programação. São Paulo: Érica, 2017.

_____. **Arduino simples e divertido**: como elaborar projetos de eletrônica. Salvador: Asè Editorial, 2016.

_____. **Arduino descomplicado**: como elaborar projetos de eletrônica. São Paulo: Érica, 2015.

OLIVEIRA, C. *et al.* **Aprenda Arduino**: uma abordagem prática. Duque de Caxias: Katzen, 2018.

VAN ROSSUM, G. **The Python language reference manual**. United Kingdom: Network Theory, 2011.